PREFAZIONE

La raccolta di frasari da viaggio "Andrà tutto bene!" pubblicati da T&P Books è destinata a coloro che viaggiano all'estero per turismo e per motivi professionali. I frasari contengono ciò che conta di più - gli elementi essenziali per la comunicazione di base. Questa è un'indispensabile serie di frasi utili per "sopravvivere" durante i soggiorni all'estero.

Questo frasario potrà esservi di aiuto nella maggior parte dei casi in cui dovrete chiedere informazioni, ottenere indicazioni stradali, domandare quanto costa qualcosa, ecc. Risulterà molto utile per risolvere situazioni dove la comunicazione è difficile e i gesti non possono aiutarci.

Questo libro contiene molte frasi che sono state raggruppate a seconda degli argomenti più importanti. Inoltre, una sezione separata del libro include un piccolo dizionario con più di 1.500 termini utili ed importanti.

Durante i vostri viaggi portate con voi il frasario "Andrà tutto bene!" e disporrete di un insostituibile compagno di viaggio che vi aiuterà nei momenti di difficoltà e vi insegnerà a non avere paura di parlare in un'altra lingua straniera.

INDICE

T&P Books Publishing

La raccolta di frasari da viaggio
"Andrà tutto bene!"

T&P Books Publishing

FRASARIO

INGLESE

I TERMINI E LE ESPRESSIONI PIÙ UTILI

Questo frasario contiene espressioni e domande di uso comune che risulteranno utili per intraprendere conversazioni di base con gli stranieri

Andrey Taranov

T&P BOOKS

Frasario + dizionario da 1500 vocaboli

Frasario Italiano-Inglese e dizionario ridotto da 1500 vocaboli

Di Andrey Taranov

La raccolta di frasari da viaggio "Andrà tutto bene!" pubblicati da T&P Books è destinata a coloro che viaggiano all'estero per turismo e per motivi professionali. I frasari contengono ciò che conta di più - gli elementi essenziali per la comunicazione di base. Questa è un'indispensabile serie di frasi utili per "sopravvivere" durante i soggiorni all'estero.

Una sezione del libro contiene anche un piccolo dizionario con più di 1.500 vocaboli. Il dizionario include molti termini gastronomici che risulteranno utili per ordinare pietanze al ristorante o per fare acquisti di genere alimentare.

Copyright © 2018 T&P Books Publishing

Tutti i diritti riservati. Nessuna parte del presente volume può essere riprodotta o trasmessa in qualsiasi forma o con qualsiasi mezzo elettronico, meccanico, fotocopie, registrazioni o riproduzioni senza l'autorizzazione scritta dell'editore.

T&P Books Publishing
www.tpbooks.com

ISBN: 978-1-78492-686-1

Questo libro è disponibile anche in formato e-book.
Visitate il sito www.tpbooks.com o le principali librerie online.

PRONUNCIA

Lettera	Esempio inglese americano	Alfabeto fonetico T&P	Esempio italiano

Vocali

Lettera	Esempio inglese americano	Alfabeto fonetico T&P	Esempio italiano
a	age	[eɪ]	seicento
a	bag	[æ]	spremifrutta
a	car	[ɑ:]	scusare
a	care	[eə]	Via Lattea
e	meat	[i:]	scacchi
e	pen	[e]	meno, leggere
e	verb	[ɜ]	oblò
e	here	[ɪə]	carie
i	life	[aj]	marinaio
i	sick	[ɪ]	tattica
i	girl	[ø]	oblò
i	fire	[ajə]	rotaie
o	rose	[əʊ]	europeo
o	shop	[ɒ]	hall
o	sport	[ɔ:]	coordinare
o	ore	[ɔ:]	coordinare
u	to include	[u:]	discutere
u	sun	[ʌ]	fare
u	church	[ɜ]	oblò
u	pure	[ʊə]	quest'anno
y	to cry	[aj]	marinaio
y	system	[ɪ]	tattica
y	Lyre	[ajə]	rotaie
y	party	[ɪ]	tattica

Consonanti

Lettera	Esempio inglese americano	Alfabeto fonetico T&P	Esempio italiano
b	bar	[b]	bianco
c	city	[s]	sapere
c	clay	[k]	cometa
d	day	[d]	doccia
f	face	[f]	ferrovia
g	geography	[dʒ]	piangere

Lettera	Esempio inglese americano	Alfabeto fonetico T&P	Esempio italiano
g	glue	[g]	guerriero
h	home	[h]	[h] aspirate
j	joke	[ʤ]	piangere
k	king	[k]	cometa
l	love	[l]	saluto
m	milk	[m]	mostra
n	nose	[n]	notte
p	pencil	[p]	pieno
q	queen	[k]	cometa
r	rose	[r]	ritmo, raro
s	sleep	[s]	sapere
s	please	[z]	rosa
s	pleasure	[ʒ]	beige
t	table	[t]	tattica
v	velvet	[v]	volare
w	winter	[w]	week-end
x	ox	[ks]	taxi
x	exam	[gz]	inglese - exam
z	azure	[ʒ]	beige
z	zebra	[z]	rosa

Combinazioni di lettere

ch	China	[ʧ]	cinque
ch	chemistry	[k]	cometa
ch	machine	[ʃ]	ruscello
sh	ship	[ʃ]	ruscello
th	weather	[ð]	come [z] ma con la lingua fra i denti
th	tooth	[θ]	Toscana (dialetto toscano)
ph	telephone	[f]	ferrovia
ck	black	[k]	cometa
ng	ring	[ŋ]	fango
ng	English	[ŋ]	fango
wh	white	[w]	week-end
wh	whole	[h]	[h] aspirate
wr	wrong	[r]	ritmo, raro
gh	enough	[f]	ferrovia
gh	sign	[n]	notte
kn	knife	[n]	notte
qu	question	[kv]	subacqueo
tch	catch	[ʧ]	cinque
oo+k	book	[ʊ]	prugno
oo+r	door	[ɔː]	coordinare
ee	tree	[iː]	scacchi
ou	house	[aʊ]	autunno

Lettera	Esempio inglese americano	Alfabeto fonetico T&P	Esempio italiano
ou+r	our	[auə]	inglese - flour
ay	today	[eɪ]	seicento
ey	they	[eɪ]	seicento

LISTA DELLE ABBREVIAZIONI

Italiano. Abbreviazioni

agg	-	aggettivo
anim.	-	animato
avv	-	avverbio
cong	-	congiunzione
ecc.	-	eccetera
f	-	sostantivo femminile
f pl	-	femminile plurale
fem.	-	femminile
form.	-	formale
inanim.	-	inanimato
inform.	-	familiare
m	-	sostantivo maschile
m pl	-	maschile plurale
m, f	-	maschile, femminile
masc.	-	maschile
mil.	-	militare
pl	-	plurale
pron	-	pronome
qc	-	qualcosa
qn	-	qualcuno
sing.	-	singolare
v aus	-	verbo ausiliare
vi	-	verbo intransitivo
vi, vt	-	verbo intransitivo, transitivo
vr	-	verbo riflessivo
vt	-	verbo transitivo

Inglese americano. Abbreviazioni

v aux	-	verbo ausiliare
vi	-	verbo intransitivo
vi, vt	-	verbo intransitivo, transitivo
vt	-	verbo transitivo

T&P BOOKS

FRASARIO INGLESE

Questa sezione contiene frasi importanti che potranno rivelarsi utili in varie situazioni di vita quotidiana. Il frasario vi sarà di aiuto per chiedere indicazioni, chiarire il prezzo di qualcosa, comprare dei biglietti e ordinare pietanze in un ristorante

T&P Books Publishing

INDICE DEL FRASARIO

T&P Books Publishing

Il minimo indispensabile

Mi scusi, ...	**Excuse me, ...** [ɪkˈskjuːz miː, ...]
Buongiorno.	**Hello.** [həˈləʊ]
Grazie.	**Thank you.** [θæŋk ju]
Arrivederci.	**Good bye.** [gʊd baɪ]
Sì.	**Yes.** [jes]
No.	**No.** [nəʊ]
Non lo so.	**I don't know.** [aɪ dəʊnt nəʊ]
Dove? | Dove? (~ stai andando?) | Quando?	**Where? | Where to? | When?** [weə? | weə tuː? | wen?]
Ho bisogno di ...	**I need ...** [aɪ niːd ...]
Voglio ...	**I want ...** [aɪ wɒnt ...]
Avete ...?	**Do you have ...?** [də ju hɛv ...?]
C'è un /una/ ... qui?	**Is there a ... here?** [ɪz ðər ə ... hɪə?]
Posso ...?	**May I ...?** [meɪ aɪ ...?]
per favore	**..., please** [..., pliːz]
Sto cercando ...	**I'm looking for ...** [aɪm ˈlʊkɪŋ fə ...]
il bagno	**restroom** [ˈrestruːm]
un bancomat	**ATM** [eɪtiːˈem]
una farmacia	**pharmacy, drugstore** [ˈfɑːməsi, ˈdrʌgstɔː]
un ospedale	**hospital** [ˈhɒspɪtl]
la stazione di polizia	**police station** [pəˈliːs ˈsteɪʃn]
la metro	**subway** [ˈsʌbweɪ]

| un taxi | **taxi**
['tæksi] |
| la stazione (ferroviaria) | **train station**
[treɪn 'steɪʃn] |

Mi chiamo …	**My name is …** [maɪ 'neɪm ɪz …]
Come si chiama?	**What's your name?** [wɒts jɔː 'neɪm?]
Mi può aiutare, per favore?	**Could you please help me?** [kəd ju pliːz help miː?]
Ho un problema.	**I've got a problem.** [av gɒt ə 'prɒbləm]
Mi sento male.	**I don't feel well.** [aɪ dəʊnt fiːl wel]
Chiamate l'ambulanza!	**Call an ambulance!** [kɔːl ən 'æmbjələns!]
Posso fare una telefonata?	**May I make a call?** [meɪ aɪ 'meɪk ə kɔːl?]

| Mi dispiace. | **I'm sorry.**
[aɪm 'sɒri] |
| Prego. | **You're welcome.**
[juə 'welkəm] |

io	**I, me** [aɪ, mi]
tu	**you** [ju]
lui	**he** [hi]
lei	**she** [ʃi]
loro (m)	**they** [ðeɪ]
loro (f)	**they** [ðeɪ]
noi	**we** [wi]
voi	**you** [ju]
Lei	**you** [ju]

ENTRATA	**ENTRANCE** ['entrɑːns]
USCITA	**EXIT** ['eksɪt]
FUORI SERVIZIO	**OUT OF ORDER** [aʊt əv 'ɔːdə]
CHIUSO	**CLOSED** [kləʊzd]

APERTO	**OPEN** ['əʊpən]
DONNE	**FOR WOMEN** [fə 'wɪmɪn]
UOMINI	**FOR MEN** [fə men]

Domande

Dove?	**Where?** [weə?]
Dove? (~ stai andando?)	**Where to?** [weə tuː?]
Da dove?	**Where from?** [weə frɒm?]
Perchè?	**Why?** [waɪ?]
Per quale motivo?	**Why?** [waɪ?]
Quando?	**When?** [wen?]

Per quanto tempo?	**How long?** [haʊ 'lɒŋ?]
A che ora?	**At what time?** [ət wɒt 'taɪm?]
Quanto?	**How much?** [haʊ 'mʌtʃ?]
Avete ...?	**Do you have ...?** [də ju hɛv ...?]
Dov'e ...?	**Where is ...?** [weə ɪz ...?]

Che ore sono?	**What time is it?** [wɒt taɪm ɪz ɪt?]
Posso fare una telefonata?	**May I make a call?** [meɪ aɪ meɪk ə kɔːl?]
Chi è?	**Who's there?** [huːz ðeə?]
Si può fumare qui?	**Can I smoke here?** [kən aɪ sməʊk hɪə?]
Posso ...?	**May I ...?** [meɪ aɪ ...?]

Necessità

Vorrei ...	**I'd like ...** [aɪd 'laɪk ...]
Non voglio ...	**I don't want ...** [aɪ dəʊnt wɒnt ...]
Ho sete.	**I'm thirsty.** [aɪm 'θɜːsti]
Ho sonno.	**I want to sleep.** [aɪ wɒnt tə sliːp]
Voglio ...	**I want ...** [aɪ wɒnt ...]
lavarmi	**to wash up** [tə wɒʃ ʌp]
lavare i denti	**to brush my teeth** [tə brʌʃ maɪ tiːθ]
riposae un po'	**to rest a while** [tə rest ə waɪl]
cambiare i vestiti	**to change my clothes** [tə tʃeɪndʒ maɪ kləʊðz]
tornare in albergo	**to go back to the hotel** [tə gəʊ 'bæk tə ðə həʊ'tel]
comprare ...	**to buy ...** [tə baɪ ...]
andare a ...	**to go to ...** [tə gəʊ tə ...]
visitare ...	**to visit ...** [tə 'vɪzɪt ...]
incontrare ...	**to meet with ...** [tə miːt wɪð ...]
fare una telefonata	**to make a call** [tə meɪk ə kɔːl]
Sono stanco.	**I'm tired.** [aɪm 'taɪəd]
Siamo stanchi.	**We are tired.** [wi ə 'taɪəd]
Ho freddo.	**I'm cold.** [aɪm kəʊld]
Ho caldo.	**I'm hot.** [aɪm hɒt]
Sto bene.	**I'm OK.** [aɪm əʊ'keɪ]

Devo fare una telefonata.

I need to make a call.
[aɪ niːd tə meɪk ə kɔːl]

Devo andare in bagno.

I need to go to the restroom.
[aɪ niːd tə gəʊ tə ðə 'restruːm]

Devo andare.

I have to go.
[aɪ hɛv tə gəʊ]

Devo andare adesso.

I have to go now.
[aɪ hɛv tə gəʊ naʊ]

Come chiedere indicazioni

Mi scusi, ...	**Excuse me, ...** [ɪk'skjuːz miː, ...]
Dove si trova ...?	**Where is ...?** [weə ɪz ...?]
Da che parte è ...?	**Which way is ...?** [wɪtʃ weɪ ɪz ...?]
Mi può aiutare, per favore?	**Could you help me, please?** [kəd ju help miː, pliːz?]

Sto cercando ...	**I'm looking for ...** [aɪm 'lʊkɪŋ fə ...]
Sto cercando l'uscita.	**I'm looking for the exit.** [aɪm 'lʊkɪŋ fə ði 'eksɪt]
Sto andando a ...	**I'm going to ...** [aɪm 'gəʊɪŋ tə ...]
Sto andando nella direzione giusta per ...?	**Am I going the right way to ...?** [əm aɪ 'gəʊɪŋ ðə raɪt 'weɪ tə ...?]

E' lontano?	**Is it far?** [ɪz ɪt fɑː?]
Posso andarci a piedi?	**Can I get there on foot?** [kən aɪ get ðər ɒn fʊt?]
Può mostrarmi sulla piantina?	**Can you show me on the map?** [kən ju ʃəʊ miː ɒn ðə mæp?]
Può mostrarmi dove ci troviamo adesso.	**Show me where we are right now.** [ʃəʊ miː weə wi ə raɪt naʊ]

Qui	**Here** [hɪə]
Là	**There** [ðeə]
Da questa parte	**This way** [ðɪs weɪ]

Giri a destra.	**Turn right.** [tɜːn raɪt]
Giri a sinistra.	**Turn left.** [tɜːn left]
La prima (la seconda, la terza) strada	**first (second, third) turn** [fɜːst ('sekənd, θɜːd) tɜːn]

a destra

to the right
[tə ðə raɪt]

a sinistra

to the left
[tə ðə left]

Vada sempre dritto.

Go straight.
[gəʊ streɪt]

Segnaletica

BENVENUTO!	**WELCOME!**
	['welkəm!]
ENTRATA	**ENTRANCE**
	['entrɑːns]
USCITA	**EXIT**
	['eksɪt]

SPINGERE	**PUSH**
	[pʊʃ]
TIRARE	**PULL**
	[pʊl]
APERTO	**OPEN**
	['əʊpən]
CHIUSO	**CLOSED**
	[kləʊzd]

DONNE	**FOR WOMEN**
	[fə 'wɪmɪn]
UOMINI	**FOR MEN**
	[fə men]
BAGNO UOMINI	**MEN, GENTS**
	[men, dʒents]
BAGNO DONNE	**WOMEN, LADIES**
	['wɪmɪn, 'leɪdɪz]

SALDI | SCONTI	**DISCOUNTS**
	['dɪskaʊnts]
IN SALDO	**SALE**
	[seɪl]
GRATIS	**FREE**
	[friː]
NOVITA!	**NEW!**
	[njuː!]
ATTENZIONE!	**ATTENTION!**
	[ə'tenʃn!]

COMPLETO	**NO VACANCIES**
	[nəʊ 'veɪkənsɪz]
RISERVATO	**RESERVED**
	[rɪ'zɜːvd]
AMMINISTRAZIONE	**ADMINISTRATION**
	[ədmɪnɪ'streɪʃn]
RISERVATO AL PERSONALE	**STAFF ONLY**
	[stɑːf 'əʊnli]

ATTENTI AL CANE!	**BEWARE OF THE DOG!** [bɪ'weər əv ðə dɒg!]
VIETATO FUMARE	**NO SMOKING!** [nəʊ 'sməʊkɪŋ!]
NON TOCCARE	**DO NOT TOUCH!** [də nɒt tʌtʃ!]
PERICOLOSO	**DANGEROUS** ['deɪndʒərəs]
PERICOLO	**DANGER** ['deɪndʒə]
ALTA TENSIONE	**HIGH VOLTAGE** [haɪ 'vəʊltɪdʒ]
DIVIETO DI BALNEAZIONE	**NO SWIMMING!** [nəʊ 'swɪmɪŋ!]
FUORI SERVIZIO	**OUT OF ORDER** [aʊt əv 'ɔːdə]
INFIAMMABILE	**FLAMMABLE** ['flæməbl]
VIETATO	**FORBIDDEN** [fə'bɪdn]
VIETATO L'ACCESSO	**NO TRESPASSING!** [nəʊ 'trespəsɪŋ!]
PITTURA FRESCA	**WET PAINT** [wet peɪnt]
CHIUSO PER RESTAURO	**CLOSED FOR RENOVATIONS** [kləʊzd fə renə'veɪʃnz]
LAVORI IN CORSO	**WORKS AHEAD** ['wɜːks ə'hed]
DEVIAZIONE	**DETOUR** ['diːtʊə]

Mezzi di trasporto - Frasi generiche

aereo	**plane** [pleɪn]
treno	**train** [treɪn]
autobus	**bus** [bʌs]
traghetto	**ferry** ['feri]
taxi	**taxi** ['tæksi]
macchina	**car** [kɑ:]
orario	**schedule** ['ʃedju:l]
Dove posso vedere l'orario?	**Where can I see the schedule?** [weə kən aɪ si: ðə 'ʃedju:l?]
giorni feriali	**workdays** ['wɜ:kdeɪz]
giorni di festa (domenica)	**weekends** [wi:k'endz]
giorni festivi	**holidays** ['hɒlədeɪz]
PARTENZA	**DEPARTURE** [dɪ'pɑ:tʃə]
ARRIVO	**ARRIVAL** [ə'raɪvl]
IN RITARDO	**DELAYED** [dɪ'leɪd]
CANCELLATO	**CANCELED** ['kænsəld]
il prossimo (treno, ecc.)	**next** [nɛkst]
il primo	**first** [fɜ:st]
l'ultimo	**last** [lɑ:st]
Quando è il prossimo ...?	**When is the next ...?** [wen ɪz ðə nɛkst ...?]
Quando è il primo ...?	**When is the first ...?** [wen ɪz ðə fɜ:st ...?]

Quando è l'ultimo …? **When is the last …?**
[wen ɪz ðə lɑːst …?]

scalo **transfer**
['trænsfɜ:]

effettuare uno scalo **to make a transfer**
[tə meɪk ə 'trænsfɜ:]

Devo cambiare? **Do I need to make a transfer?**
[də aɪ niːd tə meɪk ə 'trænsfɜ:?]

Acquistando un biglietto

Dove posso comprare i biglietti?
Where can I buy tickets?
[weə kən aɪ baɪ 'tɪkɪts?]

biglietto
ticket
['tɪkɪt]

comprare un biglietto
to buy a ticket
[tə baɪ ə 'tɪkɪt]

il prezzo del biglietto
ticket price
['tɪkɪt praɪs]

Dove?
Where to?
[weə tu:?]

In quale stazione?
To what station?
[tə wɒt steɪʃn?]

Avrei bisogno di ...
I need ...
[aɪ ni:d ...]

un biglietto
one ticket
[wʌn 'tɪkɪt]

due biglietti
two tickets
[tu: 'tɪkɪts]

tre biglietti
three tickets
[θri: 'tɪkɪts]

solo andata
one-way
[wʌn'weɪ]

andata e ritorno
round-trip
[rɑːwnd trɪp]

prima classe
first class
[fɜːst klɑːs]

seconda classe
second class
['sekənd klɑːs]

oggi
today
[tə'deɪ]

domani
tomorrow
[tə'mɒrəʊ]

dopodomani
the day after tomorrow
[ðə deɪ 'ɑːftə tə'mɒrəʊ]

la mattina
in the morning
[ɪn ðə 'mɔːnɪŋ]

nel pomeriggio
in the afternoon
[ɪn ði ɑːftə'nuːn]

la sera
in the evening
[ɪn ði 'iːvnɪŋ]

posto lato corridoio	**aisle seat** [aɪl siːt]
posto lato finestrino	**window seat** ['wɪndəʊ siːt]
Quanto?	**How much?** [haʊ mʌtʃ?]
Posso pagare con la carta di credito?	**Can I pay by credit card?** [kən aɪ peɪ baɪ 'kredɪt kɑːd?]

Autobus

autobus	**bus** [bʌs]
autobus interurbano	**intercity bus** [ɪntə'sɪti bʌs]
fermata dell'autobus	**bus stop** [bʌs stɒp]
Dov'è la fermata dell'autobus più vicina?	**Where's the nearest bus stop?** [weəz ðə 'nɪərɪst bʌs stɒp?]
numero	**number** ['nʌmbə]
Quale autobus devo prendere per andare a ...?	**Which bus do I take to get to ...?** [wɪtʃ bʌs də aɪ teɪk tə get tə ...?]
Questo autobus va a ...?	**Does this bus go to ...?** [dəz ðɪs bʌs gəʊ tə ...?]
Qual'è la frequenza delle corse degli autobus?	**How frequent are the buses?** [haʊ frɪ'kwent ə ðə 'bʌsɪz?]
ogni 15 minuti	**every 15 minutes** ['evri fɪf'ti:n 'mɪnɪts]
ogni mezzora	**every half hour** ['evri hɑ:f 'aʊə]
ogni ora	**every hour** ['evri 'aʊə]
più a volte al giorno	**several times a day** ['sevrəl taɪmz ə deɪ]
... volte al giorno	**... times a day** [... taɪmz ə deɪ]
orario	**schedule** ['ʃedju:l]
Dove posso vedere l'orario?	**Where can I see the schedule?** [weə kən aɪ si: ðə 'ʃedju:l?]
Quando passa il prossimo autobus?	**When is the next bus?** [wen ɪz ðə nɛkst bʌs?]
A che ora è il primo autobus?	**When is the first bus?** [wen ɪz ðə fɜ:st bʌs?]
A che ora è l'ultimo autobus?	**When is the last bus?** [wen ɪz ðə lɑ:st bʌs?]
fermata	**stop** [stɒp]
prossima fermata	**next stop** [nɛkst stɒp]

ultima fermata	**last stop** [lɑːst stɒp]
Può fermarsi qui, per favore.	**Stop here, please.** [stɒp hɪə, pliːz]
Mi scusi, questa è la mia fermata.	**Excuse me, this is my stop.** [ɪkˈskjuːz miː, ðɪs ɪz maɪ stɒp]

Treno

treno	**train** [treɪn]
treno locale	**suburban train** [sə'bɜ:bən treɪn]
treno a lunga percorrenza	**long-distance train** ['lɒŋdɪstəns treɪn]
stazione (~ ferroviaria)	**train station** [treɪn steɪʃn]
Mi scusi, dov'è l'uscita per il binario?	**Excuse me, where is the exit to the platform?** [ɪk'skju:z mi:, weə ɪz ði 'eksɪt tə ðə 'plætfɔ:m?]
Questo treno va a ...?	**Does this train go to ...?** [dəz ðɪs treɪn gəʊ tə ...?]
il prossimo treno	**next train** [nɛkst treɪn]
Quando è il prossimo treno?	**When is the next train?** [wen ɪz ðə nɛkst treɪn?]
Dove posso vedere l'orario?	**Where can I see the schedule?** [weə kən aɪ si: ðə 'ʃedju:l?]
Da quale binario?	**From which platform?** [frəm wɪtʃ 'plætfɔ:m?]
Quando il treno arriva a ... ?	**When does the train arrive in ...?** [wen dəz ðə treɪn ə'raɪv ɪn ...?]
Mi può aiutare, per favore.	**Please help me.** [pli:z help mi:]
Sto cercando il mio posto.	**I'm looking for my seat.** [aɪm 'lʊkɪŋ fə maɪ si:t]
Stiamo cercando i nostri posti.	**We're looking for our seats.** [wɪə 'lʊkɪŋ fə 'aʊə si:ts]
Il mio posto è occupato.	**My seat is taken.** [maɪ si:t ɪs 'teɪkən]
I nostri posti sono occupati.	**Our seats are taken.** ['aʊə si:ts ə 'teɪkən]
Mi scusi, ma questo è il mio posto.	**I'm sorry but this is my seat.** [aɪm 'sɒri bət ðɪs ɪz maɪ si:t]
E' occupato?	**Is this seat taken?** [ɪz ðɪs si:t 'teɪkən?]
Posso sedermi qui?	**May I sit here?** [meɪ aɪ sɪt hɪə?]

Sul treno - Dialogo (Senza il biglietto)

Biglietto per favore.	**Ticket, please.** ['tɪkɪt, pli:z]
Non ho il biglietto.	**I don't have a ticket.** [aɪ dəʊnt hɛv ə 'tɪkɪt]
Ho perso il biglietto.	**I lost my ticket.** [aɪ lɒst maɪ 'tɪkɪt]
Ho dimenticato il biglietto a casa.	**I forgot my ticket at home.** [aɪ fə'gɒt maɪ 'tɪkɪt ət həʊm]
Può acquistare il biglietto da me.	**You can buy a ticket from me.** [ju kən baɪ ə 'tɪkɪt frəm mi:]
Deve anche pagare una multa.	**You will also have to pay a fine.** [ju wɪl 'ɔ:lsəʊ hɛv tə peɪ ə faɪn]
Va bene.	**Okay.** [əʊ'keɪ]
Dove va?	**Where are you going?** [weər ə ju 'gəʊɪŋ?]
Vado a …	**I'm going to …** [aɪm 'gəʊɪŋ tə …]
Quanto? Non capisco.	**How much? I don't understand.** [haʊ 'mʌtʃ? aɪ dəʊnt ʌndə'stænd]
Può scriverlo per favore.	**Write it down, please.** ['raɪt ɪt daʊn, pli:z]
D'accordo. Posso pagare con la carta di credito?	**Okay. Can I pay with a credit card?** [əʊ'keɪ. kən aɪ peɪ wɪð ə 'kredɪt kɑːd?]
Si.	**Yes, you can.** [jes, ju kæn]
Ecco la sua ricevuta.	**Here's your receipt.** [hɪəz jɔː rɪ'siːt]
Mi dispiace per la multa.	**Sorry about the fine.** ['sɒri ə'baʊt ðə faɪn]
Va bene così. È stata colpa mia.	**That's okay. It was my fault.** [ðæts əʊ'keɪ. ɪt wəz maɪ fɔːt]
Buon viaggio.	**Enjoy your trip.** [ɪn'dʒɔɪ jɔː trɪp]

Taxi

taxi
taxi
['tæksi]

tassista
taxi driver
['tæksi 'draɪvə]

prendere un taxi
to catch a taxi
[tə kætʃ ə 'tæksi]

posteggio taxi
taxi stand
['tæksi stænd]

Dove posso prendere un taxi?
Where can I get a taxi?
[weə kən aɪ get ə 'tæksi?]

chiamare un taxi
to call a taxi
[tə kɔːl ə 'tæksi]

Ho bisogno di un taxi.
I need a taxi.
[aɪ niːd ə 'tæksi]

Adesso.
Right now.
[raɪt naʊ]

Qual'è il suo indirizzo?
What is your address (location)?
['wɒts jɔːr ə'dres (ləʊ'keɪʃn)?]

Il mio indirizzo è ...
My address is ...
[maɪ ə'dres ɪz ...]

La sua destinazione?
Your destination?
[jɔː destɪ'neɪʃn?]

Mi scusi, ...
Excuse me, ...
[ɪk'skjuːz miː, ...]

E' libero?
Are you available?
[ə ju ə'veɪləbl?]

Quanto costa andare a ...?
How much is it to get to ...?
[haʊ 'mʌtʃ ɪz ɪt tə get tə ...?]

Sapete dove si trova?
Do you know where it is?
[də ju nəʊ weər ɪt ɪz?]

All'aeroporto, per favore.
Airport, please.
['eəpɔːt, pliːz]

Si fermi qui, per favore.
Stop here, please.
[stɒp hɪə, pliːz]

Non è qui.
It's not here.
[ɪts nɒt hɪə]

È l'indirizzo sbagliato.
This is the wrong address.
[ðɪs ɪz ðə rɒŋ ə'dres]

Giri a sinistra.
Turn left.
[tɜːn left]

Giri a destra.
Turn right.
[tɜːn raɪt]

Quanto le devo? **How much do I owe you?**
[haʊ 'mʌtʃ də aɪ əʊ ju?]

Potrei avere una ricevuta, per favore. **I'd like a receipt, please.**
[aɪd laɪk ə rɪ'siːt, pliːz]

Tenga il resto. **Keep the change.**
[kiːp ðə tʃeɪndʒ]

Può aspettarmi, per favore? **Would you please wait for me?**
[wʊd ju pliːz weɪt fə miː?]

cinque minuti **five minutes**
[faɪv 'mɪnɪts]

dieci minuti **ten minutes**
[ten 'mɪnɪts]

quindici minuti **fifteen minutes**
[fɪf'tiːn 'mɪnɪts]

venti minuti **twenty minutes**
['twenti 'mɪnɪts]

mezzora **half an hour**
[hɑːf ən 'aʊə]

Hotel

Salve.	**Hello.** [hə'ləʊ]
Mi chiamo …	**My name is …** [maɪ neɪm ɪz …]
Ho prenotato una camera.	**I have a reservation.** [aɪ hɛv ə rezə'veɪʃn]
Ho bisogno di …	**I need …** [aɪ niːd …]
una camera singola	**a single room** [ə sɪŋgl ruːm]
una camera doppia	**a double room** [ə dʌbl ruːm]
Quanto costa questo?	**How much is that?** [haʊ 'mʌtʃ ɪz ðæt?]
È un po' caro.	**That's a bit expensive.** [ðæts ə bɪt ɪk'spensɪv]
Avete qualcos'altro?	**Do you have anything else?** [du juː hæv 'enɪθɪŋ els?]
La prendo.	**I'll take it.** [aɪl teɪk ɪt]
Pago in contanti.	**I'll pay in cash.** [aɪl peɪ ɪn kæʃ]
Ho un problema.	**I've got a problem.** [aɪv gɒt ə 'prɒbləm]
Il mio … è rotto.	**My … is broken.** [maɪ … ɪz 'brəʊkən]
Il mio … è fuori servizio.	**My … is out of order.** [maɪ … ɪz aʊt əv 'ɔːdə]
televisore	**TV** [tiː'viː]
condizionatore	**air conditioner** [eə kən'dɪʃənə]
rubinetto	**tap** [tæp]
doccia	**shower** ['ʃaʊə]
lavandino	**sink** [sɪŋk]
cassaforte	**safe** [seɪf]

serratura	**door lock** [dɔː lɒk]
presa elettrica	**electrical outlet** [ɪˈlektrɪkl ˈaʊtlet]
asciugacapelli	**hairdryer** [ˈheədraɪə]

Non ho …	**I don't have …** [aɪ ˈdəʊnt hɛv …]
l'acqua	**water** [ˈwɔːtə]
la luce	**light** [laɪt]
l'elettricità	**electricity** [ɪlekˈtrɪsɪti]

Può darmi …?	**Can you give me …?** [kən ju gɪv miː …?]
un asciugamano	**a towel** [ə ˈtaʊəl]
una coperta	**a blanket** [ə ˈblæŋkɪt]
delle pantofole	**slippers** [ˈslɪpəz]
un accappatoio	**a robe** [ə rəʊb]
dello shampoo	**shampoo** [ʃæmˈpuː]
del sapone	**soap** [səʊp]

Vorrei cambiare la camera.	**I'd like to change rooms.** [aɪd laɪk tə tʃeɪndʒ ruːmz]
Non trovo la chiave.	**I can't find my key.** [aɪ kɑːnt faɪnd maɪ kiː]
Potrebbe aprire la mia camera, per favore?	**Could you open my room, please?** [kəd ju ˈəʊpən maɪ ruːm, pliːz?]
Chi è?	**Who's there?** [huːz ðeə?]
Avanti!	**Come in!** [kʌm ˈɪn!]
Un attimo!	**Just a minute!** [dʒəst ə ˈmɪnɪt!]
Non adesso, per favore.	**Not right now, please.** [nɒt raɪt naʊ, pliːz]

Può venire nella mia camera, per favore.	**Come to my room, please.** [kʌm tə maɪ ruːm, pliːz]
Vorrei ordinare qualcosa da mangiare.	**I'd like to order food service.** [aɪd laɪk tu ˈɔːdə fuːd ˈsɜːvɪs]
Il mio numero di camera è …	**My room number is …** [maɪ ruːm ˈnʌmbə iz …]

Parto ...	**I'm leaving ...** [aɪm 'liːvɪŋ ...]
Partiamo ...	**We're leaving ...** [wɪə 'liːvɪŋ ...]
adesso	**right now** [raɪt naʊ]
questo pomeriggio	**this afternoon** [ðɪs ɑːftə'nuːn]
stasera	**tonight** [tə'naɪt]
domani	**tomorrow** [tə'mɒrəʊ]
domani mattina	**tomorrow morning** [tə'mɒrəʊ 'mɔːnɪŋ]
domani sera	**tomorrow evening** [tə'mɒrəʊ 'iːvnɪŋ]
dopodomani	**the day after tomorrow** [ðə deɪ 'ɑːftə tə'mɒrəʊ]

Vorrei pagare.	**I'd like to pay.** [aɪd 'laɪk tə peɪ]
È stato tutto magnifico.	**Everything was wonderful.** ['evrɪθɪŋ wəz 'wʌndəfəl]
Dove posso prendere un taxi?	**Where can I get a taxi?** [weə kən aɪ get ə 'tæksi?]
Potrebbe chiamarmi un taxi, per favore?	**Would you call a taxi for me, please?** [wʊd ju kɔːl ə 'tæksi fə miː, pliːz?]

Al Ristorante

Posso vedere il menù, per favore?
Can I look at the menu, please?
[kən aɪ lʊk ət ðə 'menjuː, pliːz?]

Un tavolo per una persona.
Table for one.
['teɪbl fə wʌn]

Siamo in due (tre, quattro).
There are two (three, four) of us.
[ðər ə tuː (θriː, fɔːr) əv'ʌs]

Fumatori
Smoking
['sməʊkɪŋ]

Non fumatori
No smoking
[nəʊ 'sməʊkɪŋ]

Mi scusi!
Excuse me!
[ɪk'skjuːz miː!]

il menù
menu
['menjuː]

la lista dei vini
wine list
[waɪn lɪst]

Posso avere il menù, per favore.
The menu, please.
[ðə 'menjuː, pliːz]

È pronto per ordinare?
Are you ready to order?
[ə ju 'redi tu 'ɔːdə?]

Cosa gradisce?
What will you have?
[wɒt wɪl ju hæv?]

Prendo ...
I'll have ...
[aɪl hɛv ...]

Sono vegetariano.
I'm a vegetarian.
[aɪm ə vedʒɪ'teərɪən]

carne
meat
[miːt]

pesce
fish
[fɪʃ]

verdure
vegetables
['vedʒɪtəblz]

Avete dei piatti vegetariani?
Do you have vegetarian dishes?
[də ju hɛv vedʒɪ'teərɪən 'dɪʃɪz?]

Non mangio carne di maiale.
I don't eat pork.
[aɪ dəʊnt iːt pɔːk]

Lui /lei/ non mangia la carne.
He /she/ doesn't eat meat.
[hi /ʃi/ 'dʌznt iːt miːt]

Sono allergico a ...
I am allergic to ...
[aɪ əm ə'lɜːdʒɪk tə ...]

Potrebbe portarmi ...

Would you please bring me ...
[wʊd ju pliːz brɪŋ miː ...]

del sale | del pepe | dello zucchero

salt | pepper | sugar
[sɔːlt | 'pepə | 'ʃʊgə]

un caffè | un tè | un dolce

coffee | tea | dessert
['kɒfi | tiː | dɪ'zɜːt]

dell'acqua | frizzante | naturale

water | sparkling | plain
['wɔːtə | 'spɑːklɪŋ | pleɪn]

un cucchiaio | una forchetta | un coltello

spoon | fork | knife
[spuːn | fɔːk | naɪf]

un piatto | un tovagliolo

plate | napkin
[pleɪt | 'næpkɪn]

Buon appetito!

Enjoy your meal!
[ɪn'dʒɔɪ jɔː miːl!]

Un altro, per favore.

One more, please.
[wʌn mɔː, pliːz]

È stato squisito.

It was very delicious.
[ɪt wəz 'veri dɪ'lɪʃəs]

---

il conto | il resto | la mancia

check | change | tip
[tʃek | tʃeɪndʒ | tɪp]

Il conto, per favore.

Check, please.
[tʃek, pliːz]

Posso pagare con la carta di credito?

Can I pay by credit card?
[kən aɪ peɪ baɪ 'kredɪt kɑːd?]

Mi scusi, c'è un errore.

I'm sorry, there's a mistake here.
[aɪm 'sɒri, ðeəz ə mɪ'steɪk hɪə]

Shopping

Posso aiutarla?	**Can I help you?** [kən aɪ help ju?]
Avete ...?	**Do you have ...?** [də ju hɛv ...?]
Sto cercando ...	**I'm looking for ...** [aɪm 'lʊkɪŋ fə ...]
Ho bisogno di ...	**I need ...** [aɪ niːd ...]
Sto guardando.	**I'm just looking.** [aɪm dʒəst 'lʊkɪŋ]
Stiamo guardando.	**We're just looking.** [wɪə dʒəst 'lʊkɪŋ]
Ripasserò più tardi.	**I'll come back later.** [aɪl kʌm bæk 'leɪtə]
Ripasseremo più tardi.	**We'll come back later.** [wil kʌm bæk 'leɪtə]
sconti	saldi	**discounts	sale** [dɪs'kaʊnts	seɪl]
Per favore, mi può far vedere ...?	**Would you please show me ...** [wʊd ju pliːz ʃəʊ miː ...]
Per favore, potrebbe darmi ...	**Would you please give me ...** [wʊd ju pliːz gɪv miː ...]
Posso provarlo?	**Can I try it on?** [kən aɪ traɪ ɪt ɒn?]
Mi scusi, dov'è il camerino?	**Excuse me, where's the fitting room?** [ɪk'skjuːz miː, weəz ðə 'fɪtɪŋ ruːm?]
Che colore desidera?	**Which color would you like?** [wɪtʃ 'kʌlər wʊd ju 'laɪk?]
taglia	lunghezza	**size	length** [saɪz	leŋθ]
Come le sta?	**How does it fit?** [haʊ dəz ɪt fɪt?]
Quanto costa questo?	**How much is it?** [haʊ 'mʌtʃ ɪz ɪt?]
È troppo caro.	**That's too expensive.** [ðæts tuː ɪk'spensɪv]
Lo prendo.	**I'll take it.** [aɪl teɪk ɪt]
Mi scusi, dov'è la cassa?	**Excuse me, where do I pay?** [ɪk'skjuːz miː, weə də aɪ peɪ?]

Paga in contanti o con carta di credito?

Will you pay in cash or credit card?
[wɪl ju peɪ ɪn kæʃ ɔː ˈkredɪt kɑːd?]

In contanti | con carta di credito

In cash | with credit card
[ɪn kæʃ | wɪð ˈkredɪt kɑːd]

Vuole lo scontrino?

Do you want the receipt?
[də ju wɒnt ðə rɪˈsiːt?]

Si, grazie.

Yes, please.
[jes, pliːz]

No, va bene così.

No, it's OK.
[nəʊ, ɪts əʊˈkeɪ]

Grazie. Buona giornata!

Thank you. Have a nice day!
[θæŋk ju. hɛv ə naɪs deɪ!]

In città

Mi scusi, per favore ...	**Excuse me, please.** [ɪk'skjuːz miː, pliːz]
Sto cercando ...	**I'm looking for ...** [aɪm 'lʊkɪŋ fə ...]
la metropolitana	**the subway** [ðə 'sʌbweɪ]
il mio albergo	**my hotel** [maɪ həʊ'tel]
il cinema	**the movie theater** [ðə 'muːvi 'θiːətə]
il posteggio taxi	**a taxi stand** [ə 'tæksi stænd]

un bancomat	**an ATM** [ən eɪtiː'em]
un ufficio dei cambi	**a foreign exchange office** [ə 'forən ɪk'stʃeɪndʒ 'ɒfɪs]
un internet café	**an internet café** [ən 'ɪntənet 'kæfeɪ]
via ...	**... street** [... striːt]
questo posto	**this place** [ðɪs 'pleɪs]

Sa dove si trova ...?	**Do you know where ... is?** [də ju nəʊ weə ... ɪz?]
Come si chiama questa via?	**Which street is this?** [wɪtʃ striːt ɪs ðɪs?]
Può mostrarmi dove ci troviamo?	**Show me where we are right now.** [ʃəʊ miː weə wi ə raɪt naʊ]
Posso andarci a piedi?	**Can I get there on foot?** [kən aɪ get ðər ɒn fʊt?]
Avete la piantina della città?	**Do you have a map of the city?** [də ju hɛv ə mæp əv ðə 'sɪti?]

Quanto costa un biglietto?	**How much is a ticket to get in?** [haʊ 'mʌtʃ ɪz ə 'tɪkɪt tə get ɪn?]
Si può fotografare?	**Can I take pictures here?** [kən aɪ teɪk 'pɪktʃəz hɪə?]
E' aperto?	**Are you open?** [ə ju 'əʊpən?]

Quando aprite? **When do you open?**
[wen də ju 'əʊpən?]

Quando chiudete? **When do you close?**
[wen də ju kləʊz?]

Soldi

Soldi	**money** ['mʌni]
contanti	**cash** [kæʃ]
banconote	**paper money** ['peɪpə 'mʌni]
monete	**loose change** [luːs tʃeɪndʒ]
conto | resto | mancia	**check | change | tip** [tʃek | tʃeɪndʒ | tɪp]
carta di credito	**credit card** ['kredɪt kɑːd]
portafoglio	**wallet** ['wɒlɪt]
comprare	**to buy** [tə baɪ]
pagare	**to pay** [tə peɪ]
multa	**fine** [faɪn]
gratuito	**free** [friː]
Dove posso comprare …?	**Where can I buy …?** [weə kən aɪ baɪ …?]
La banca è aperta adesso?	**Is the bank open now?** [ɪz ðə bæŋk 'əʊpən naʊ?]
Quando apre?	**When does it open?** [wen dəz ɪt 'əʊpən?]
Quando chiude?	**When does it close?** [wen dəz ɪt kləʊz?]
Quanto costa?	**How much?** [haʊ 'mʌtʃ?]
Quanto costa questo?	**How much is this?** [haʊ 'mʌtʃ ɪz ðɪs?]
È troppo caro.	**That's too expensive.** [ðæts tuː ɪk'spensɪv]
Scusi, dov'è la cassa?	**Excuse me, where do I pay?** [ɪk'skjuːz miː, weə də aɪ peɪ?]
Il conto, per favore.	**Check, please.** [tʃek, pliːz]

Posso pagare con la carta di credito?

Can I pay by credit card?
[kən aɪ peɪ baɪ 'kredɪt kɑːd?]

C'è un bancomat?

Is there an ATM here?
[ɪz ðər ən eɪtiː'em hɪə?]

Sto cercando un bancomat.

I'm looking for an ATM.
[aɪm 'lʊkɪŋ fər ən eɪtiː'em]

Sto cercando un ufficio dei cambi.

**I'm looking for a foreign
exchange office.**
[aɪm 'lʊkɪŋ fər ə 'fɒrən
ɪk'stʃeɪndʒ 'ɒfɪs]

Vorrei cambiare ...

I'd like to change ...
[aɪd laɪk tə tʃeɪndʒ ...]

Quanto è il tasso di cambio?

What is the exchange rate?
[wɒts ði ɪk'stʃeɪndʒ reɪt?]

Ha bisogno del mio passaporto?

Do you need my passport?
[də ju niːd maɪ 'pɑːspɔːt?]

Le ore

Che ore sono?	**What time is it?** [wɒt taɪm ɪz ɪt?]
Quando?	**When?** [wen?]
A che ora?	**At what time?** [ət wɒt taɪm?]
adesso | più tardi | dopo ...	**now | later | after ...** [naʊ | 'leɪtə | 'ɑːftə ...]
l'una	**one o'clock** [wʌn ə'klɒk]
l'una e un quarto	**one fifteen** [wʌn fɪf'tiːn]
l'una e trenta	**one thirty** [wʌn 'θɜːti]
l'una e quarantacinque	**one forty-five** [wʌn 'fɔːti faɪv]
uno | due | tre	**one | two | three** [wʌn | tuː | θriː]
quattro | cinque | sei	**four | five | six** [fɔː | faɪv | sɪks]
sette | otto | nove	**seven | eight | nine** [sevn | eɪt | naɪn]
dieci | undici | dodici	**ten | eleven | twelve** [ten | ɪ'levn | twelv]
fra ...	**in ...** [ɪn ...]
cinque minuti	**five minutes** [faɪv 'mɪnɪts]
dieci minuti	**ten minutes** [ten 'mɪnɪts]
quindici minuti	**fifteen minutes** [fɪf'tiːn 'mɪnɪts]
venti minuti	**twenty minutes** ['twenti 'mɪnɪts]
mezzora	**half an hour** [hɑːf ən 'aʊə]
un'ora	**an hour** [ən 'aʊə]

la mattina	**in the morning** [ɪn ðə 'mɔːnɪŋ]
la mattina presto	**early in the morning** ['ɜːli ɪn ðə 'mɔːnɪŋ]
questa mattina	**this morning** [ðɪs 'mɔːnɪŋ]
domani mattina	**tomorrow morning** [tə'mɒrəʊ 'mɔːnɪŋ]

all'ora di pranzo	**at noon** [ət nuːn]
nel pomeriggio	**in the afternoon** [ɪn ði ɑːftə'nuːn]
la sera	**in the evening** [ɪn ði 'iːvnɪŋ]
stasera	**tonight** [tə'naɪt]

la notte	**at night** [ət naɪt]
ieri	**yesterday** ['jestədi]
oggi	**today** [tə'deɪ]
domani	**tomorrow** [tə'mɒrəʊ]
dopodomani	**the day after tomorrow** [ðə deɪ 'ɑːftə tə'mɒrəʊ]

Che giorno è oggi?	**What day is it today?** [wɒt deɪ ɪz ɪt tə'deɪ?]
Oggi è ...	**It's ...** [ɪts ...]
lunedì	**Monday** ['mʌndɪ]
martedì	**Tuesday** ['tjuːzdi]
mercoledì	**Wednesday** ['wenzdɪ]

giovedì	**Thursday** ['θɜːzdɪ]
venerdì	**Friday** ['fraɪdɪ]
sabato	**Saturday** ['sætədɪ]
domenica	**Sunday** ['sʌndɪ]

Saluti - Presentazione

Salve.	**Hello.** [hə'ləʊ]
Lieto di conoscerla.	**Pleased to meet you.** [pli:zd tə mi:t ju]
Il piacere è mio.	**Me too.** [mi: tu:]
Vi presento …	**I'd like you to meet …** [aɪd laɪk ju tə mi:t …]
Molto piacere.	**Nice to meet you.** [naɪs tə mi:t ju]
Come sta?	**How are you?** [haʊ ə ju?]
Mi chiamo …	**My name is …** [maɪ neɪm ɪz …]
Si chiama … (m)	**His name is …** [hɪz neɪm ɪz …]
Si chiama … (f)	**Her name is …** [hə neɪm ɪz …]
Come si chiama?	**What's your name?** [wɒts jɔ: neɪm?]
Come si chiama lui?	**What's his name?** [wɒts ɪz neɪm?]
Come si chiama lei?	**What's her name?** [wɒts hə neɪm?]
Qual'è il suo cognome?	**What's your last name?** [wɒts jɔ: lɑ:st neɪm?]
Può chiamarmi …	**You can call me …** [ju kən kɔ:l mi: …]
Da dove viene?	**Where are you from?** [weər ə ju frɒm?]
Vengo da …	**I'm from …** [aɪm frəm …]
Che lavoro fa?	**What do you do for a living?** [wɒt də ju də fər ə 'lɪvɪŋ?]
Chi è?	**Who is this?** [hu: ɪz ðɪs?]
Chi è lui?	**Who is he?** [hu: ɪz hi?]
Chi è lei?	**Who is she?** [hu: ɪz ʃi?]
Chi sono loro?	**Who are they?** [hu: ə ðeɪ?]

Questo è ...	**This is ...** [ðɪs ɪz ...]
il mio amico	**my friend** [maɪ frend]
la mia amica	**my friend** [maɪ frend]
mio marito	**my husband** [maɪ 'hʌzbənd]
mia moglie	**my wife** [maɪ waɪf]

mio padre	**my father** [maɪ 'fɑːðə]
mia madre	**my mother** [maɪ 'mʌðə]
mio fratello	**my brother** [maɪ 'brʌðə]
mia sorella	**my sister** [maɪ 'sɪstə]
mio figlio	**my son** [maɪ sʌn]
mia figlia	**my daughter** [maɪ 'dɔːtə]

Questo è nostro figlio.	**This is our son.** [ðɪs ɪz 'aʊə sʌn]
Questa è nostra figlia.	**This is our daughter.** [ðɪs ɪz 'aʊə 'dɔːtə]
Questi sono i miei figli.	**These are my children.** [ðiːz ə maɪ 'tʃɪldrən]
Questi sono i nostri figli.	**These are our children.** [ðiːz ə 'aʊə 'tʃɪldrən]

Saluti di commiato

Arrivederci!	**Good bye!** [gʊd baɪ!]
Ciao!	**Bye!** [baɪ!]
A domani.	**See you tomorrow.** [si: ju tə'mɒrəʊ]
A presto.	**See you soon.** [si: ju su:n]
Ci vediamo alle sette.	**See you at seven.** [si: ju ət sevn]
Divertitevi!	**Have fun!** [hɛv fʌn!]
Ci sentiamo più tardi.	**Talk to you later.** [tɔ:k tə ju 'leɪtə]
Buon fine settimana.	**Have a nice weekend.** [hɛv ə naɪs wi:k'end]
Buona notte	**Good night.** [gʊd naɪt]
Adesso devo andare.	**It's time for me to go.** [ɪts taɪm fə mi: tə gəʊ]
Devo andare.	**I have to go.** [aɪ hɛv tə gəʊ]
Torno subito.	**I will be right back.** [aɪ wɪl bi raɪt bæk]
È tardi.	**It's late.** [ɪts leɪt]
Domani devo alzarmi presto.	**I have to get up early.** [aɪ hɛv tə get 'ʌp 'ɜ:li]
Parto domani.	**I'm leaving tomorrow.** [aɪm 'li:vɪŋ tə'mɒrəʊ]
Partiamo domani.	**We're leaving tomorrow.** [wɪə 'li:vɪŋ tə'mɒrəʊ]
Buon viaggio!	**Have a nice trip!** [hɛv ə naɪs trɪp!]
È stato un piacere conoscerla.	**It was nice meeting you.** [ɪt wəz naɪs 'mi:tɪŋ ju]
È stato un piacere parlare con lei.	**It was nice talking to you.** [ɪt wəz naɪs 'tɔ:kɪŋ tə ju]
Grazie di tutto.	**Thanks for everything.** [θæŋks fər 'evrɪθɪŋ]

Mi sono divertito.

I had a very good time.
[aɪ hed e 'veri gʊd taɪm]

Ci siamo divertiti.

We had a very good time.
[wi hed e 'veri gʊd taɪm]

È stato straordinario.

It was really great.
[ɪt wez 'rɪeli greɪt]

Mi mancherà.

I'm going to miss you.
[aɪm 'gəʊɪŋ te mɪs ju]

Ci mancherà.

We're going to miss you.
[wɪe 'gəʊɪŋ te mɪs ju]

Buona fortuna!

Good luck!
[gʊd lʌk!]

Mi saluti ...

Say hi to ...
[seɪ haɪ te ...]

Lingua straniera

Non capisco.	**I don't understand.** [aɪ dəʊnt ʌndə'stænd]
Può scriverlo, per favore.	**Write it down, please.** [raɪt ɪt daʊn, pliːz]
Parla ...?	**Do you speak ...?** [də ju spiːk ...?]
Parlo un po' ...	**I speak a little bit of ...** [aɪ spiːk ə lɪtl bɪt əv ...]
inglese	**English** ['ɪŋglɪʃ]
turco	**Turkish** ['tɜːkɪʃ]
arabo	**Arabic** ['ærəbɪk]
francese	**French** [frenʃ]
tedesco	**German** ['dʒɜːmən]
italiano	**Italian** [ɪ'tæljən]
spagnolo	**Spanish** ['spænɪʃ]
portoghese	**Portuguese** [pɔːtʃʊ'giːz]
cinese	**Chinese** [tʃaɪ'niːz]
giapponese	**Japanese** [dʒæpə'niːz]
Può ripetere, per favore.	**Can you repeat that, please.** [kən ju rɪ'piːt ðæt, pliːz]
Capisco.	**I understand.** [aɪ ʌndə'stænd]
Non capisco.	**I don't understand.** [aɪ dəʊnt ʌndə'stænd]
Può parlare più piano, per favore.	**Please speak more slowly.** [pliːz spiːk mɔː 'sləʊli]
È corretto?	**Is that correct?** [ɪz ðət kə'rekt?]
Cos'è questo? (Cosa significa?)	**What is this?** [wɒts ðɪs?]

Chiedere scusa

Mi scusi, per favore.

Excuse me, please.
[ɪk'skjuːz miː, pliːz]

Mi dispiace.

I'm sorry.
[aɪm 'sɒri]

Mi dispiace molto.

I'm really sorry.
[aɪm 'rɪəli 'sɒri]

Mi dispiace, è colpa mia.

Sorry, it's my fault.
['sɒri, ɪts maɪ fɔːt]

È stato un mio errore.

My mistake.
[maɪ mɪ'steɪk]

Posso ...?

May I ...?
[meɪ aɪ ...?]

Le dispiace se ...?

Do you mind if I ...?
[də ju maɪnd ɪf aɪ ...?]

Non fa niente.

It's OK.
[ɪts əʊ'keɪ]

Tutto bene.

It's all right.
[ɪts ɔːl raɪt]

Non si preoccupi.

Don't worry about it.
[dəʊnt 'wʌri ə'baʊt ɪt]

Essere d'accordo

Sì.	**Yes.** [jes]
Sì, certo.	**Yes, sure.** [jes, ʃʊə]
Bene.	**OK (Good!)** [əʊ'keɪ (gʊd!)]
Molto bene.	**Very well.** ['veri wel]
Certamente!	**Certainly!** ['sɜːtnli!]
Sono d'accordo.	**I agree.** [aɪ ə'griː]

Esatto.	**That's correct.** [ðæts kə'rekt]
Giusto.	**That's right.** [ðæts raɪt]
Ha ragione.	**You're right.** [jʊə raɪt]
È lo stesso.	**I don't mind.** [aɪ dəʊnt maɪnd]
È assolutamente corretto.	**Absolutely right.** ['æbsəluːtli raɪt]

È possibile.	**It's possible.** [ɪts 'pɒsəbl]
È una buona idea.	**That's a good idea.** [ðæts ə gʊd aɪ'dɪə]
Non posso dire di no.	**I can't say no.** [aɪ kɑːnt 'seɪ nəʊ]
Ne sarei lieto /lieta/.	**I'd be happy to.** [aɪd bi 'hæpi tuː]
Con piacere.	**With pleasure.** [wɪð 'pleʒə]

Diniego. Esprimere incertezza

No.

No.
[nəʊ]

Sicuramente no.

Certainly not.
['sɜːtnli nɒt]

Non sono d'accordo.

I don't agree.
[aɪ dəʊnt ə'griː]

Non penso.

I don't think so.
[aɪ dəʊnt 'θɪŋk 'səʊ]

Non è vero.

It's not true.
[ɪts nɒt truː]

Si sbaglia.

You are wrong.
[ju ə rɒŋ]

Penso che lei si stia sbagliando.

I think you are wrong.
[aɪ θɪŋk ju ə rɒŋ]

Non sono sicuro.

I'm not sure.
[aɪm nɒt ʃʊə]

È impossibile.

It's impossible.
[ɪts ɪm'pɒsəbl]

Assolutamente no!

No way!
[nəʊ 'weɪ!]

Esattamente il contrario!

The exact opposite.
[ði ɪg'zækt 'ɒpəzɪt]

Sono contro.

I'm against it.
[aɪm ə'genst ɪt]

Non m'interessa.

I don't care.
[aɪ dəʊnt 'keə]

Non ne ho idea.

I have no idea.
[aɪ hɛv nəʊ aɪ'dɪə]

Dubito che sia così.

I doubt that.
[aɪ daʊt ðɛt]

Mi dispiace, non posso.

Sorry, I can't.
['sɒri, aɪ kɑːnt]

Mi dispiace, non voglio.

Sorry, I don't want to.
['sɒri, aɪ dəʊnt wɒnt tuː]

Non ne ho bisogno, grazie.

Thank you, but I don't need this.
[θæŋk ju, bət aɪ dəʊnt niːd ðɪs]

È già tardi.

It's late.
[ɪts leɪt]

Devo alzarmi presto.

I have to get up early.
[aɪ hɛv tə get 'ʌp 'ɜːli]

Non mi sento bene.

I don't feel well.
[aɪ dəʊnt fiːl wel]

Esprimere gratitude

Grazie.	**Thank you.** [θæŋk ju]
Grazie mille.	**Thank you very much.** [θæŋk ju 'veri 'mʌtʃ]
Le sono riconoscente.	**I really appreciate it.** [aɪ 'rɪəli ə'priːʃieɪt ɪt]
Le sono davvero grato.	**I'm really grateful to you.** [aɪm 'rɪəli 'greɪtfəl tə ju]
Le siamo davvero grati.	**We are really grateful to you.** [wi ə 'rɪəli 'greɪtfəl tə ju]

Grazie per la sua disponibilità.	**Thank you for your time.** [θæŋk ju fə jɔː taɪm]
Grazie di tutto.	**Thanks for everything.** [θæŋks fər 'evrɪθɪŋ]
Grazie per ...	**Thank you for ...** [θæŋk ju fə ...]
il suo aiuto	**your help** [jɔː help]
il bellissimo tempo	**a nice time** [ə naɪs taɪm]

il delizioso pranzo	**a wonderful meal** [ə 'wʌndəfəl miːl]
la bella serata	**a pleasant evening** [ə pleznt 'iːvnɪŋ]
la bella giornata	**a wonderful day** [ə 'wʌndəfəl deɪ]
la splendida gita	**an amazing journey** [ən ə'meɪzɪŋ 'dʒɜːni]

Non c'è di che.	**Don't mention it.** [dəʊnt menʃn ɪt]
Prego.	**You are welcome.** [ju ə 'welkəm]
Con piacere.	**Any time.** ['eni taɪm]
È stato un piacere.	**My pleasure.** [maɪ 'pleʒə]
Non ci pensi neanche.	**Forget it. It's alright.** [fə'get ɪt. its əlraɪt]
Non si preoccupi.	**Don't worry about it.** [dəʊnt 'wʌri ə'baʊt ɪt]

Congratulazioni. Auguri

Congratulazioni!	**Congratulations!** [kəngrætu'leɪʃnz!]
Buon compleanno!	**Happy birthday!** ['hæpi 'bɜ:θdeɪ!]
Buon Natale!	**Merry Christmas!** ['meri 'krɪsməs!]
Felice Anno Nuovo!	**Happy New Year!** ['hæpi nju: 'jiə!]
Buona Pasqua!	**Happy Easter!** ['hæpi 'i:stə!]
Felice Hanukkah!	**Happy Hanukkah!** ['hæpi 'hɑ:nəkə!]
Vorrei fare un brindisi.	**I'd like to propose a toast.** [aɪd laɪk tə prə'pəʊz ə təʊst]
Salute!	**Cheers!** [tʃɪəz!]
Beviamo a ...!	**Let's drink to ...!** [lets drɪŋk tə ...!]
Al nostro successo!	**To our success!** [tu 'aʊə sək'ses!]
Al suo successo!	**To your success!** [tə jɔ: sək'ses!]
Buona fortuna!	**Good luck!** [gʊd lʌk!]
Buona giornata!	**Have a nice day!** [hɛv ə naɪs deɪ!]
Buone vacanze!	**Have a good holiday!** [hɛv ə gʊd 'hɒlədeɪ!]
Buon viaggio!	**Have a safe journey!** [hɛv ə seɪf 'dʒɜ:ni!]
Spero guarisca presto!	**I hope you get better soon!** [aɪ həʊp ju get 'betə su:n!]

Socializzare

Perchè è triste?	**Why are you sad?** [waɪ ə ju sæd?]
Sorrida!	**Smile!** [smaɪl!]
È libero stasera?	**Are you free tonight?** [ə ju fri: tə'naɪt?]
Posso offrirle qualcosa da bere?	**May I offer you a drink?** [meɪ aɪ 'ɒfə ju ə drɪŋk?]
Vuole ballare?	**Would you like to dance?** [wʊd ju laɪk tə dɑːns?]
Andiamo al cinema.	**Let's go to the movies.** [lets gəʊ tə ðə 'muːvɪz]
Posso invitarla …?	**May I invite you to …?** [meɪ aɪ ɪn'vaɪt ju tə …?]
al ristorante	**a restaurant** [ə 'restrɒnt]
al cinema	**the movies** [ðə 'muːvɪz]
a teatro	**the theater** [ðə 'θiːətə]
a fare una passeggiata	**go for a walk** [gəʊ fər ə wɔːk]
A che ora?	**At what time?** [ət wɒt taɪm?]
stasera	**tonight** [tə'naɪt]
alle sei	**at six** [ət sɪks]
alle sette	**at seven** [ət sevn]
alle otto	**at eight** [ət eɪt]
alle nove	**at nine** [ət naɪn]
Le piace qui?	**Do you like it here?** [də ju laɪk ɪt hɪə?]
È qui con qualcuno?	**Are you here with someone?** [ə ju hɪə wɪð 'sʌmwʌn?]
Sono con un amico /una amica/.	**I'm with my friend.** [aɪm wɪð maɪ 'frend]

Sono con i miei amici.

I'm with my friends.
[aɪm wɪð maɪ frendz]

No, sono da solo /sola/.

No, I'm alone.
[nəʊ, aɪm ə'ləʊn]

Hai il ragazzo?

Do you have a boyfriend?
[də ju hɛv ə 'bɔɪfrend?]

Ho il ragazzo.

I have a boyfriend.
[aɪ hɛv ə 'bɔɪfrend]

Hai la ragazza?

Do you have a girlfriend?
[də ju hɛv ə 'gɜːlfrend?]

Ho la ragazza.

I have a girlfriend.
[aɪ hɛv ə 'gɜːlfrend]

Posso rivederti?

Can I see you again?
[kən aɪ siː ju ə'gen?]

Posso chiamarti?

Can I call you?
[kən aɪ kɔːl ju?]

Chiamami.

Call me.
[kɔːl miː]

Qual'è il tuo numero?

What's your number?
[wɒts jɔː 'nʌmbə?]

Mi manchi.

I miss you.
[aɪ mɪs ju]

Ha un bel nome.

You have a beautiful name.
[ju hɛv ə 'bjuːtəfl neɪm]

Ti amo.

I love you.
[aɪ lʌv ju]

Mi vuoi sposare?

Will you marry me?
[wɪl ju 'mæri miː?]

Sta scherzando!

You're kidding!
[jə 'kɪdɪŋ!]

Sto scherzando.

I'm just kidding.
[aɪm dʒəst 'kɪdɪŋ]

Lo dice sul serio?

Are you serious?
[ə ju 'sɪərɪəs?]

Sono serio.

I'm serious.
[aɪm 'sɪərɪəs]

Davvero?!

Really?!
['rɪəli?!]

È incredibile!

It's unbelievable!
[ɪts ʌnbɪ'liːvəbl!]

Non le credo.

I don't believe you.
[aɪ dəʊnt bɪ'liːv ju]

Non posso.

I can't.
[aɪ kɑːnt]

No so.

I don't know.
[aɪ dəʊnt nəʊ]

Non la capisco.

I don't understand you.
[aɪ dəʊnt ʌndə'stænd ju]

Per favore, vada via.

Please go away.
[pliːz gəʊ əˈweɪ]

Mi lasci in pace!

Leave me alone!
[liːv miː əˈləʊn!]

Non lo sopporto.

I can't stand him.
[aɪ kɑːnt stænd hɪm]

Lei è disgustoso!

You are disgusting!
[ju ə dɪsˈɡʌstɪŋ!]

Chiamo la polizia!

I'll call the police!
[aɪl kɔːl ðə pəˈliːs!]

Comunicare impressioni ed emozioni

Mi piace.

I like it.
[aɪ laɪk ɪt]

Molto carino.

Very nice.
['veri naɪs]

È formidabile!

That's great!
[ðæts 'greɪt!]

Non è male.

It's not bad.
[ɪts nɒt bæd]

Non mi piace.

I don't like it.
[aɪ dəʊnt laɪk ɪt]

Non è buono.

It's not good.
[ɪts nɒt gʊd]

È cattivo.

It's bad.
[ɪts bæd]

È molto cattivo.

It's very bad.
[ɪts 'veri bæd]

È disgustoso.

It's disgusting.
[ɪts dɪs'gʌstɪŋ]

Sono felice.

I'm happy.
[aɪm 'hæpi]

Sono contento /contenta/.

I'm content.
[aɪm kən'tent]

Sono innamorato /innamorata/.

I'm in love.
[aɪm ɪn lʌv]

Sono calmo.

I'm calm.
[aɪm kɑ:m]

Sono annoiato.

I'm bored.
[aɪm bɔ:d]

Sono stanco /stanca/.

I'm tired.
[aɪm 'taɪəd]

Sono triste.

I'm sad.
[aɪm sæd]

Sono spaventato.

I'm frightened.
[aɪm 'fraɪtnd]

Sono arrabbiato /arrabiata/.

I'm angry.
[aɪm 'æŋgri]

Sono preoccupato /preoccupata/.

I'm worried.
[aɪm 'wʌrɪd]

Sono nervoso /nervosa/.

I'm nervous.
[aɪm 'nɜ:vəs]

Sono geloso /gelosa/.

I'm jealous.
[aɪm 'dʒeləs]

Sono sorpreso /sorpresa/.

I'm surprised.
[aɪm sə'praɪzd]

Sono perplesso.

I'm perplexed.
[aɪm pə'plekst]

Problemi. Incidenti

Ho un problema.	**I've got a problem.** [aɪv gɒt ə 'prɒbləm]
Abbiamo un problema.	**We've got a problem.** [wiv gɒt ə 'prɒbləm]
Sono perso /persa/.	**I'm lost.** [aɪm lɒst]
Ho perso l'ultimo autobus (treno).	**I missed the last bus (train).** [aɪ mɪst ðə lɑːst bʌs (treɪn)]
Non ho più soldi.	**I don't have any money left.** [aɪ dəʊnt hɛv 'eni 'mʌni left]
Ho perso ...	**I've lost my ...** [aɪv lɒst maɪ ...]
Mi hanno rubato ...	**Someone stole my ...** ['sʌmwʌn stəʊl maɪ ...]
il passaporto	**passport** ['pɑːspɔːt]
il portafoglio	**wallet** ['wɒlɪt]
i documenti	**papers** ['peɪpəz]
il biglietto	**ticket** ['tɪkɪt]
i soldi	**money** ['mʌni]
la borsa	**handbag** ['hændbæg]
la macchina fotografica	**camera** ['kæmərə]
il computer portatile	**laptop** ['læptɒp]
il tablet	**tablet computer** ['tæblɪt kəm'pjuːtə]
il telefono cellulare	**mobile phone** ['məʊbaɪl fəʊn]
Aiuto!	**Help me!** [help miː!]
Che cosa è successo?	**What's happened?** [wɒts 'hæpənd?]
fuoco	**fire** ['faɪə]

sparatoria	**shooting** ['ʃuːtɪŋ]
omicidio	**murder** [a 'mɜːdə]
esplosione	**explosion** [ɪk'spləʊʒn]
rissa	**fight** [a faɪt]

Chiamate la polizia!	**Call the police!** [kɔːl ðə pə'liːs!]
Per favore, faccia presto!	**Please hurry up!** [pliːz 'hʌri ʌp!]
Sto cercando la stazione di polizia.	**I'm looking for the police station.** [aɪm 'lʊkɪŋ fər ðə pə'liːs steɪʃn]
Devo fare una telefonata.	**I need to make a call.** [aɪ niːd tə meɪk ə kɔːl]
Posso usare il suo telefono?	**May I use your phone?** [meɪ aɪ juːz jɔː fəʊn?]

Sono stato /stata/ ...	**I've been ...** [aɪv biːn ...]
aggredito /aggredita/	**mugged** [mʌgd]
derubato /derubata/	**robbed** [rɒbd]
violentata	**raped** [reɪpt]
assalito /assalita/	**attacked** [ə'tækt]

Lei sta bene?	**Are you all right?** [ə ju ɔːl raɪt?]
Ha visto chi è stato?	**Did you see who it was?** [dɪd ju siː huː ɪt wɒz?]
È in grado di riconoscere la persona?	**Would you be able to recognize the person?** [wʊd ju bi eɪbl tə 'rekəgnaɪz ðə 'pɜːsn?]
È sicuro?	**Are you sure?** [ə ju ʃʊə?]

Per favore, si calmi.	**Please calm down.** [pliːz kɑːm daʊn]
Si calmi!	**Take it easy!** [teɪk ɪt 'iːzi!]
Non si preoccupi.	**Don't worry!** [dəʊnt 'wʌri!]
Andrà tutto bene.	**Everything will be fine.** ['evrɪθɪŋ wɪl bi faɪn]
Va tutto bene.	**Everything's all right.** ['evrɪθɪŋz ɔːl raɪt]

Venga qui, per favore.

Come here, please.
[kʌm hɪə, pliːz]

Devo porle qualche domanda.

I have some questions for you.
[aɪ hɛv səm 'kwestʃənz fə ju]

Aspetti un momento, per favore.

Wait a moment, please.
[weɪt ə 'məʊmənt, pliːz]

Ha un documento d'identità?

Do you have any I.D.?
[də ju hɛv 'eni aɪ diː.?]

Grazie. Può andare ora.

Thanks. You can leave now.
[θæŋks. ju kən liːv naʊ]

Mani dietro la testa!

Hands behind your head!
[hændz bɪ'haɪnd jɔ: hɛd!]

È in arresto!

You're under arrest!
[jər 'ʌndər ə'rest!]

Problemi di salute

Mi può aiutare, per favore.
Please help me.
[pli:z help mi:]

Non mi sento bene.
I don't feel well.
[aɪ dəʊnt fi:l wel]

Mio marito non si sente bene.
My husband doesn't feel well.
[maɪ 'hʌzbənd 'dʌznt fi:l wel]

Mio figlio ...
My son ...
[maɪ sʌn ...]

Mio padre ...
My father ...
[maɪ 'fɑ:ðə ...]

Mia moglie non si sente bene.
My wife doesn't feel well.
[maɪ waɪf 'dʌznt fi:l wel]

Mia figlia ...
My daughter ...
[maɪ 'dɔ:tə ...]

Mia madre ...
My mother ...
[maɪ 'mʌðə ...]

Ho mal di ...
I've got a ...
[aɪv gɒt ə ...]

testa
headache
['hedeɪk]

gola
sore throat
[sɔ: θrəʊt]

pancia
stomach ache
['stʌmək eɪk]

denti
toothache
['tu:θeɪk]

Mi gira la testa.
I feel dizzy.
[aɪ fi:l 'dɪzi]

Ha la febbre. (m)
He has a fever.
[hi həz ə 'fi:və]

Ha la febbre. (f)
She has a fever.
[ʃi həz ə 'fi:və]

Non riesco a respirare.
I can't breathe.
[aɪ kɑ:nt bri:ð]

Mi manca il respiro.
I'm short of breath.
[aɪm ʃɔ:t əv breθ]

Sono asmatico.
I am asthmatic.
[aɪ əm æs'mætɪk]

Sono diabetico /diabetica/.
I am diabetic.
[aɪ əm daɪə'betɪk]

Soffro d'insonnia.

I can't sleep.
[aɪ kɑːnt sliːp]

intossicazione alimentare

food poisoning
[fuːd 'pɔɪznɪŋ]

Fa male qui.

It hurts here.
[ɪt hɜːts hɪə]

Mi aiuti!

Help me!
[help miː!]

Sono qui!

I am here!
[aɪ əm hɪə!]

Siamo qui!

We are here!
[wi ə hɪə!]

Mi tiri fuori di qui!

Get me out of here!
[get miː aʊt əv hɪə!]

Ho bisogno di un dottore.

I need a doctor.
[aɪ niːd ə 'dɒktə]

Non riesco a muovermi.

I can't move.
[aɪ kɑːnt muːv!]

Non riesco a muovere le gambe.

I can't move my legs.
[aɪ kɑːnt muːv maɪ legz]

Ho una ferita.

I have a wound.
[aɪ hɛv ə wuːnd]

È grave?

Is it serious?
[ɪz ɪt 'sɪərɪəs?]

I miei documenti sono in tasca.

My documents are in my pocket.
[maɪ 'dɒkjʊments ər ɪn maɪ 'pɒkɪt]

Si calmi!

Calm down!
[kɑːm daʊn!]

Posso usare il suo telefono?

May I use your phone?
[meɪ aɪ juːz jɔː fəʊn?]

Chiamate l'ambulanza!

Call an ambulance!
[kɔːl ən 'æmbjələns!]

È urgente!

It's urgent!
[ɪts 'ɜːdʒənt!]

È un'emergenza!

It's an emergency!
[ɪts ən ɪ'mɜːdʒənsi!]

Per favore, faccia presto!

Please hurry up!
[pliːz 'hʌri 'ʌp!]

Per favore, chiamate un medico.

Would you please call a doctor?
[wʊd ju pliːz kɔːl ə 'dɒktə?]

Dov'è l'ospedale?

Where is the hospital?
[weə ɪz ðə 'hɒspɪtl?]

Come si sente?

How are you feeling?
[haʊ ə ju 'fiːlɪŋ?]

Sta bene?

Are you all right?
[ə ju ɔːl raɪt?]

Che cosa è successo?

What's happened?
[wɒts 'hæpənd?]

Mi sento meglio ora.

I feel better now.
[aɪ fiːl 'betə naʊ]

Va bene.

It's OK.
[ɪts əʊ'keɪ]

Va tutto bene.

It's all right.
[ɪts ɔːl raɪt]

In farmacia

farmacia	**Pharmacy (drugstore)** ['fɑːməsi ('drʌgstɔː)]
farmacia di turno	**24-hour pharmacy** ['twenti fɔːr 'aʊə 'fɑːməsi]
Dov'è la farmacia più vicina?	**Where is the closest pharmacy?** [weə ɪz ðə 'kləʊsɪst 'fɑːməsi?]
È aperta a quest'ora?	**Is it open now?** [ɪz ɪt 'əʊpən naʊ?]
A che ora apre?	**At what time does it open?** [ət wɒt taɪm dəz ɪt 'əʊpən?]
A che ora chiude?	**At what time does it close?** [ət wɒt taɪm dəz ɪt kləʊz?]
È lontana?	**Is it far?** [ɪz ɪt fɑː?]
Posso andarci a piedi?	**Can I get there on foot?** [kən aɪ get ðər ɒn fʊt?]
Può mostrarmi sulla piantina?	**Can you show me on the map?** [kən ju ʃəʊ miː ɒn ðə mæp?]
Per favore, può darmi qualcosa per ...	**Please give me something for ...** [pliːz gɪv miː 'sʌmθɪŋ fə ...]
il mal di testa	**a headache** [ə 'hedeɪk]
la tosse	**a cough** [ə kɒf]
il raffreddore	**a cold** [ə kəʊld]
l'influenza	**the flu** [ðə fluː]
la febbre	**a fever** [ə 'fiːvə]
il mal di stomaco	**a stomach ache** [ə 'stʌmək eɪk]
la nausea	**nausea** ['nɔːsɪə]
la diarrea	**diarrhea** [daɪə'rɪə]
la costipazione	**constipation** [kɒnstɪ'peɪʃn]
mal di schiena	**pain in the back** [peɪn ɪn ðə 'bæk]

dolore al petto	**chest pain** [tʃest peɪn]
fitte al fianco	**side stitch** [saɪd stɪtʃ]
dolori addominali	**abdominal pain** [æb'dɒmɪnəl peɪn]

pastiglia	**pill** [pɪl]
pomata	**ointment, cream** ['ɔɪntmənt, kri:m]
sciroppo	**syrup** ['sɪrəp]
spray	**spray** [sprɛj]
gocce	**drops** [drɒps]

Deve andare in ospedale.	**You need to go to the hospital.** [ju ni:d tə gəʊ tə ðə 'hɒspɪtl]
assicurazione sanitaria	**health insurance** [helθ ɪn'ʃʊərəns]
prescrizione	**prescription** [prɪ'skrɪpʃn]
insettifugo	**insect repellant** ['ɪnsekt rɪ'pelənt]
cerotto	**sticking plaster** ['stikɪŋ 'plastə]

Il minimo indispensabile

Mi scusi, … | **Excuse me, …**
[ɪk'skjuːz miː, …]

Buongiorno. | **Hello.**
[hə'ləʊ]

Grazie. | **Thank you.**
[θæŋk ju]

Arrivederci. | **Good bye.**
[gʊd baɪ]

Sì. | **Yes.**
[jes]

No. | **No.**
[nəʊ]

Non lo so. | **I don't know.**
[aɪ dəʊnt nəʊ]

Dove? | Dove? (~ stai andando?) | Quando? | **Where? | Where to? | When?**
[weə? | weə tuː? | wen?]

Ho bisogno di … | **I need …**
[aɪ niːd …]

Voglio … | **I want …**
[aɪ wɒnt …]

Avete …? | **Do you have …?**
[də ju hɛv …?]

C'è un /una/ … qui? | **Is there a … here?**
[ɪz ðər ə … hɪə?]

Posso …? | **May I …?**
[meɪ aɪ …?]

per favore | **…, please**
[…, pliːz]

Sto cercando … | **I'm looking for …**
[aɪm 'lʊkɪŋ fə …]

il bagno | **restroom**
['restruːm]

un bancomat | **ATM**
[eɪtiː'em]

una farmacia | **pharmacy, drugstore**
['fɑːməsi, 'drʌgstɔː]

un ospedale | **hospital**
['hɒspɪtl]

la stazione di polizia | **police station**
[pə'liːs 'steɪʃn]

la metro | **subway**
['sʌbweɪ]

un taxi	**taxi** ['tæksi]
la stazione (ferroviaria)	**train station** [treɪn 'steɪʃn]

Mi chiamo ...	**My name is ...** [maɪ 'neɪm ɪz ...]
Come si chiama?	**What's your name?** [wɒts jɔː 'neɪm?]
Mi può aiutare, per favore?	**Could you please help me?** [kəd ju pliːz help miː?]
Ho un problema.	**I've got a problem.** [av gɒt ə 'prɒbləm]
Mi sento male.	**I don't feel well.** [aɪ dəunt fiːl wel]
Chiamate l'ambulanza!	**Call an ambulance!** [kɔːl ən 'æmbjələns!]
Posso fare una telefonata?	**May I make a call?** [meɪ aɪ 'meɪk ə kɔːl?]

Mi dispiace.	**I'm sorry.** [aɪm 'sɒri]
Prego.	**You're welcome.** [juə 'welkəm]

io	**I, me** [aɪ, mi]
tu	**you** [ju]
lui	**he** [hi]
lei	**she** [ʃi]
loro (m)	**they** [ðeɪ]
loro (f)	**they** [ðeɪ]
noi	**we** [wi]
voi	**you** [ju]
Lei	**you** [ju]

ENTRATA	**ENTRANCE** ['entrɑːns]
USCITA	**EXIT** ['eksɪt]
FUORI SERVIZIO	**OUT OF ORDER** [aut əv 'ɔːdə]
CHIUSO	**CLOSED** [kləuzd]

APERTO

OPEN
['əʊpən]

DONNE

FOR WOMEN
[fə 'wɪmɪn]

UOMINI

FOR MEN
[fə men]

DIZIONARIO RIDOTTO

Questa sezione contiene
più di 1.500 termini utili.
Il dizionario include molti
termini gastronomici che
risulteranno utili per ordinare
pietanze al ristorante o per
fare acquisti di genere
alimentare

T&P Books Publishing

INDICE DEL DIZIONARIO

T&P Books Publishing

T&P Books Publishing

Italian	English	Pronunciation
tempo (m)	time	[taɪm]
ora (f)	hour	['aʊə(r)]
mezzora (f)	half an hour	[ˌhɑːf ən 'aʊə(r)]
minuto (m)	minute	['mɪnɪt]
secondo (m)	second	['sekənd]
oggi (avv)	today	[tə'deɪ]
domani	tomorrow	[tə'mɒrəʊ]
ieri (avv)	yesterday	['jestədɪ]
lunedì (m)	Monday	['mʌndɪ]
martedì (m)	Tuesday	['tjuːzdɪ]
mercoledì (m)	Wednesday	['wenzdɪ]
giovedì (m)	Thursday	['θɜːzdɪ]
venerdì (m)	Friday	['fraɪdɪ]
sabato (m)	Saturday	['sætədɪ]
domenica (f)	Sunday	['sʌndɪ]
giorno (m)	day	[deɪ]
giorno (m) lavorativo	working day	['wɜːkɪŋ deɪ]
giorno (m) festivo	public holiday	['pʌblɪk 'hɒlɪdeɪ]
fine (m) settimana	weekend	[ˌwiːk'end]
settimana (f)	week	[wiːk]
la settimana scorsa	last week	[ˌlɑːst 'wiːk]
la settimana prossima	next week	[ˌnekst 'wiːk]
levata (f) del sole	sunrise	['sʌnraɪz]
tramonto (m)	sunset	['sʌnset]
di mattina	in the morning	[ɪn ðə 'mɔːnɪŋ]
nel pomeriggio	in the afternoon	[ɪn ðə ˌɑːftə'nuːn]
di sera	in the evening	[ɪn ðɪ 'iːvnɪŋ]
stasera	tonight	[tə'naɪt]
di notte	at night	[ət naɪt]
mezzanotte (f)	midnight	['mɪdnaɪt]
gennaio (m)	January	['dʒænjʊərɪ]
febbraio (m)	February	['februərɪ]
marzo (m)	March	[mɑːtʃ]
aprile (m)	April	['eɪprəl]
maggio (m)	May	[meɪ]
giugno (m)	June	[dʒuːn]
luglio (m)	July	[dʒuː'laɪ]
agosto (m)	August	['ɔːgəst]

settembre (m)	September	[sep'tembə(r)]
ottobre (m)	October	[ɒk'təʊbə(r)]
novembre (m)	November	[nəʊ'vembə(r)]
dicembre (m)	December	[dɪ'sembə(r)]

in primavera	in (the) spring	[ɪn (ðə) sprɪŋ]
in estate	in (the) summer	[ɪn (ðə) 'sʌmə(r)]
in autunno	in (the) fall	[ɪn (ðə) fɔːl]
in inverno	in (the) winter	[ɪn (ðə) 'wɪntə(r)]

mese (m)	month	[mʌnθ]
stagione (f) (estate, ecc.)	season	['siːzən]
anno (m)	year	[jɪə(r)]

2. Numeri. Numerali

cifra (f)	figure	['fɪgjə]
numero (m)	number	['nʌmbə(r)]
meno (m)	minus sign	['maɪnəs saɪn]
più (m)	plus sign	[plʌs saɪn]
somma (f)	sum, total	[sʌm], ['təʊtəl]

primo	first	[fɜːst]
secondo	second	['sekənd]
terzo	third	[θɜːd]

zero (m)	zero	['zɪərəʊ]
uno	one	[wʌn]
due	two	[tuː]
tre	three	[θriː]
quattro	four	[fɔː(r)]

cinque	five	[faɪv]
sei	six	[sɪks]
sette	seven	['sevən]
otto	eight	[eɪt]
nove	nine	[naɪn]
dieci	ten	[ten]

undici	eleven	[ɪ'levən]
dodici	twelve	[twelv]
tredici	thirteen	[ˌθɜː'tiːn]
quattordici	fourteen	[ˌfɔː'tiːn]
quindici	fifteen	[fɪf'tiːn]

sedici	sixteen	[sɪks'tiːn]
diciassette	seventeen	[ˌsevən'tiːn]
diciotto	eighteen	[ˌeɪ'tiːn]
diciannove	nineteen	[ˌnaɪn'tiːn]
venti	twenty	['twentɪ]

trenta	**thirty**	['θɜːtɪ]
quaranta	**forty**	['fɔːtɪ]
cinquanta	**fifty**	['fɪftɪ]

sessanta	**sixty**	['sɪkstɪ]
settanta	**seventy**	['sevəntɪ]
ottanta	**eighty**	['eɪtɪ]
novanta	**ninety**	['naɪntɪ]
cento	**one hundred**	[ˌwʌn 'hʌndrəd]
duecento	**two hundred**	[tu 'hʌndrəd]
trecento	**three hundred**	[θri: 'hʌndrəd]
quattrocento	**four hundred**	[ˌfɔː 'hʌndrəd]
cinquecento	**five hundred**	[ˌfaɪv 'hʌndrəd]

seicento	**six hundred**	[sɪks 'hʌndrəd]
settecento	**seven hundred**	['sevən 'hʌndrəd]
ottocento	**eight hundred**	[eɪt 'hʌndrəd]
novecento	**nine hundred**	[ˌnaɪn 'hʌndrəd]
mille	**one thousand**	[ˌwʌn 'θaʊzənd]

diecimila	**ten thousand**	[ten 'θaʊzənd]
centomila	**one hundred thousand**	[ˌwʌn 'hʌndrəd 'θaʊzənd]
milione (m)	**million**	['mɪljən]
miliardo (m)	**billion**	['bɪljən]

3. L'uomo. Membri della famiglia

uomo (m) (adulto maschio)	**man**	[mæn]
giovane (m)	**young man**	[jʌŋ mæn]
donna (f)	**woman**	['wʊmən]
ragazza (f)	**girl, young woman**	[gɜːl], [jʌŋ 'wʊmən]

età (f)	**age**	[eɪdʒ]
adulto (m)	**adult**	[æd'ʌlt]
di mezza età	**middle-aged**	[ˌmɪdl 'eɪdʒd]
anziano (agg)	**elderly**	['eldəlɪ]
vecchio (agg)	**old**	[əʊld]

vecchio (m)	**old man**	['əʊld ˌmæn]
vecchia (f)	**old woman**	['əʊld ˌwʊmən]
andare in pensione	**to retire** (vi)	[tə rɪ'taɪə(r)]
pensionato (m)	**retiree**	[ˌrɪtaɪə'ri:]

madre (f)	**mother**	['mʌðə(r)]
padre (m)	**father**	['fɑːðə(r)]
figlio (m)	**son**	[sʌn]
figlia (f)	**daughter**	['dɔːtə(r)]
fratello (m)	**brother**	['brʌðə(r)]
sorella (f)	**sister**	['sɪstə(r)]
genitori (m pl)	**parents**	['peərənts]

bambino (m)	child	[ʧaɪld]
bambini (m pl)	children	[ˈʧɪldrən]
matrigna (f)	stepmother	[ˈstepˌmʌðə(r)]
patrigno (m)	stepfather	[ˈstepˌfɑːðə(r)]
nonna (f)	grandmother	[ˈgrænˌmʌðə(r)]
nonno (m)	grandfather	[ˈgrændˌfɑːðə(r)]
nipote (m) (figlio di un figlio)	grandson	[ˈgrænsʌn]
nipote (f)	granddaughter	[ˈgrænˌdɔːtə(r)]
nipoti (pl)	grandchildren	[ˈgrænˌʧɪldrən]
zio (m)	uncle	[ˈʌŋkəl]
zia (f)	aunt	[ɑːnt]
nipote (m) (figlio di un fratello)	nephew	[ˈnefjuː]
nipote (f)	niece	[niːs]
moglie (f)	wife	[waɪf]
marito (m)	husband	[ˈhʌzbənd]
sposato (agg)	married	[ˈmærɪd]
sposata (agg)	married	[ˈmærɪd]
vedova (f)	widow	[ˈwɪdəʊ]
vedovo (m)	widower	[ˈwɪdəʊə(r)]
nome (m)	name, first name	[neɪm], [ˈfɜːstˌneɪm]
cognome (m)	surname, last name	[ˈsɜːneɪm], [lɑːst neɪm]
parente (m)	relative	[ˈrelətɪv]
amico (m)	friend	[frend]
amicizia (f)	friendship	[ˈfrendʃɪp]
partner (m)	partner	[ˈpɑːtnə(r)]
capo (m), superiore (m)	boss, superior	[bɒs], [suːˈpɪərɪə(r)]
collega (m)	colleague	[ˈkɒliːg]
vicini (m pl)	neighbors	[ˈneɪbəz]

4. Corpo umano. Anatomia

organismo (m)	organism	[ˈɔːgənɪzəm]
corpo (m)	body	[ˈbɒdɪ]
cuore (m)	heart	[hɑːt]
sangue (m)	blood	[blʌd]
cervello (m)	brain	[breɪn]
nervo (m)	nerve	[nɜːv]
osso (m)	bone	[bəʊn]
scheletro (m)	skeleton	[ˈskelɪtən]
colonna (f) vertebrale	spine, backbone	[spaɪn], [ˈbækbəʊn]
costola (f)	rib	[rɪb]
cranio (m)	skull	[skʌl]

muscolo (m)	muscle	['mʌsəl]
polmoni (m pl)	lungs	[lʌŋz]
pelle (f)	skin	[skɪn]

testa (f)	head	[hed]
viso (m)	face	[feɪs]
naso (m)	nose	[nəʊz]
fronte (f)	forehead	['fɔ:hed]
guancia (f)	cheek	[tʃi:k]
bocca (f)	mouth	[maʊθ]
lingua (f)	tongue	[tʌŋ]
dente (m)	tooth	[tu:θ]
labbra (f pl)	lips	[lɪps]
mento (m)	chin	[tʃɪn]

orecchio (m)	ear	[ɪə(r)]
collo (m)	neck	[nek]
gola (f)	throat	[θrəʊt]

occhio (m)	eye	[aɪ]
pupilla (f)	pupil	['pju:pəl]
sopracciglio (m)	eyebrow	['aɪbraʊ]
ciglio (m)	eyelash	['aɪlæʃ]
capelli (m pl)	hair	[heə(r)]
pettinatura (f)	hairstyle	['heəstaɪl]
baffi (m pl)	mustache	['mʌstæʃ]
barba (f)	beard	[bɪəd]
portare (~ la barba, ecc.)	to have (vt)	[tə hæv]
calvo (agg)	bald	[bɔ:ld]

mano (f)	hand	[hænd]
braccio (m)	arm	[ɑ:m]
dito (m)	finger	['fɪŋgə(r)]
unghia (f)	nail	[neɪl]
palmo (m)	palm	[pɑ:m]

spalla (f)	shoulder	['ʃəʊldə(r)]
gamba (f)	leg	[leg]
pianta (f) del piede	foot	[fʊt]
ginocchio (m)	knee	[ni:]
tallone (m)	heel	[hi:l]

schiena (f)	back	[bæk]
vita (f)	waist	[weɪst]
neo (m)	beauty mark	['bju:tɪ mɑ:k]

5. Medicinali. Malattie. Farmaci

| salute (f) | health | [helθ] |
| sano (agg) | well | [wel] |

malattia (f)	sickness	['sɪknɪs]
essere malato	to be sick	[tə bi 'sɪk]
malato (agg)	ill, sick	[ɪl], [sɪk]
raffreddore (m)	cold	[kəʊld]
raffreddarsi (vr)	to catch a cold	[tə kætʃ ə 'kəʊld]
tonsillite (f)	tonsillitis	[ˌtɒnsɪ'laɪtɪs]
polmonite (f)	pneumonia	[nju:'məʊnɪə]
influenza (f)	flu	[flu:]
raffreddore (m)	runny nose	[ˌrʌnɪ 'nəʊz]
tosse (f)	cough	[kɒf]
tossire (vi)	to cough (vi)	[tə kɒf]
starnutire (vi)	to sneeze (vi)	[tə sni:z]
ictus (m) cerebrale	stroke	[strəʊk]
attacco (m) di cuore	heart attack	['hɑ:t əˌtæk]
allergia (f)	allergy	['ælədʒɪ]
asma (f)	asthma	['æsmə]
diabete (m)	diabetes	[ˌdaɪə'bi:ti:z]
tumore (m)	tumor	['tju:mə(r)]
cancro (m)	cancer	['kænsə(r)]
alcolismo (m)	alcoholism	['ælkəhɒlɪzəm]
AIDS (m)	AIDS	[eɪdz]
febbre (f)	fever	['fi:və(r)]
mal (m) di mare	seasickness	['si:sɪknɪs]
livido (m)	bruise	[bru:z]
bernoccolo (m)	bump	[bʌmp]
zoppicare (vi)	to limp (vi)	[tə lɪmp]
slogatura (f)	dislocation	[ˌdɪslə'keɪʃən]
slogarsi (vr)	to dislocate (vt)	[tə 'dɪsləkeɪt]
frattura (f)	fracture	['fræktʃə(r)]
scottatura (f)	burn	[bɜ:n]
ferita (f)	injury	['ɪndʒərɪ]
dolore (m), male (m)	pain, ache	[peɪn], [eɪk]
mal (m) di denti	toothache	['tu:θeɪk]
sudare (vi)	to sweat (vi)	[tə swet]
sordo (agg)	deaf	[def]
muto (agg)	mute	[mju:t]
immunità (f)	immunity	[ɪ'mju:nətɪ]
virus (m)	virus	['vaɪrəs]
microbo (m)	microbe	['maɪkrəʊb]
batterio (m)	bacterium	[bæk'tɪərɪəm]
infezione (f)	infection	[ɪn'fekʃən]
ospedale (m)	hospital	['hɒspɪtəl]
cura (f)	cure	[kjʊə]

vaccinare (vt)	to vaccinate (vt)	[tə 'væksɪneɪt]
essere in coma	to be in a coma	[tə bi ɪn ə 'kəʊmə]
rianimazione (f)	intensive care	[ɪn'tensɪv ˌkeə(r)]
sintomo (m)	symptom	['sɪmptəm]
polso (m)	pulse, heartbeat	[pʌls], ['hɑ:tbi:t]

6. Sentimenti. Emozioni. Conversazione

io	I, me	[aɪ], [mi:]
tu	you	[ju:]
lui	he	[hi:]
lei	she	[ʃi:]
esso	it	[ɪt]

noi	we	[wi:]
voi	you	[ju:]
loro	they	[ðeɪ]

Salve!	Hello!	[hə'ləʊ]
Buongiorno!	Hello!	[hə'ləʊ]
Buongiorno! (la mattina)	Good morning!	[gʊd 'mɔ:nɪŋ]
Buon pomeriggio!	Good afternoon!	[gʊd ˌɑ:ftə'nu:n]
Buonasera!	Good evening!	[gʊd 'i:vnɪŋ]

salutare (vt)	to say hello	[tə seɪ hə'ləʊ]
salutare (vt)	to greet (vt)	[tə gri:t]
Come sta? Come stai?	How are you?	[ˌhaʊ ə 'ju:]
Arrivederci!	Bye-Bye! Goodbye!	[baɪ-baɪ], [gʊd'baɪ]
Grazie!	Thank you!	['θæŋk ju:]

sentimenti (m pl)	feelings	['fi:lɪŋz]
avere fame	to be hungry	[tə bi 'hʌŋgrɪ]
avere sete	to be thirsty	[tə bi 'θɜ:stɪ]
stanco (agg)	tired	['taɪəd]

essere preoccupato	to be worried	[tə bi 'wʌrɪd]
essere nervoso	to be nervous	[tə bi 'nɜ:vəs]
speranza (f)	hope	[həʊp]
sperare (vi, vt)	to hope (vi, vt)	[tə həʊp]

carattere (m)	character	['kærəktə(r)]
modesto (agg)	modest	['mɒdɪst]
pigro (agg)	lazy	['leɪzɪ]
generoso (agg)	generous	['dʒenərəs]
di talento	talented	['tæləntɪd]

onesto (agg)	honest	['ɒnɪst]
serio (agg)	serious	['sɪərɪəs]
timido (agg)	shy, timid	[ʃaɪ], ['tɪmɪd]
sincero (agg)	sincere	[sɪn'sɪə(r)]

codardo (m)	coward	['kaʋəd]
dormire (vi)	to sleep (vi)	[tə sli:p]
sogno (m)	dream	[dri:m]
letto (m)	bed	[bed]
cuscino (m)	pillow	['pɪləʋ]

insonnia (f)	insomnia	[ɪn'sɒmnɪə]
andare a letto	to go to bed	[tə gəʋ tə bed]
incubo (m)	nightmare	['naɪtmeə(r)]
sveglia (f)	alarm clock	[ə'lɑ:m klɒk]

sorriso (m)	smile	[smaɪl]
sorridere (vi)	to smile (vi)	[tə smaɪl]
ridere (vi)	to laugh (vi)	[tə lɑ:f]

litigio (m)	quarrel	['kwɒrəl]
insulto (m)	insult	['ɪnsʌlt]
offesa (f)	resentment	[rɪ'zentmənt]
arrabbiato (agg)	angry	['æŋgrɪ]

7. Abbigliamento. Accessori personali

vestiti (m pl)	clothes	[kləʋðz]
cappotto (m)	coat, overcoat	[kəʋt], ['əʋvəkəʋt]
pelliccia (f)	fur coat	['fɜ:ˌkəʋt]
giubbotto (m), giaccha (f)	jacket	['dʒækɪt]
impermeabile (m)	raincoat	['reɪnkəʋt]
camicia (f)	shirt	[ʃɜ:t]
pantaloni (m pl)	pants	[pænts]
giacca (f) (~ di tweed)	jacket	['dʒækɪt]
abito (m) da uomo	suit	[su:t]

abito (m)	dress	[dres]
gonna (f)	skirt	[skɜ:t]
maglietta (f)	T-shirt	['ti:ˌʃɜ:t]
accappatoio (m)	bathrobe	['bɑ:θrəʋb]
pigiama (m)	pajamas	[pə'dʒɑ:məz]
tuta (f) da lavoro	workwear	[wɜ:kweə(r)]

biancheria (f) intima	underwear	['ʌndəweə(r)]
calzini (m pl)	socks	[sɒks]
reggiseno (m)	bra	[brɑ:]
collant (m)	pantyhose	['pæntɪhəʋz]
calze (f pl)	stockings	['stɒkɪŋz]
costume (m) da bagno	bathing suit	['beɪðɪŋ su:t]

cappello (m)	hat	[hæt]
calzature (f pl)	footwear	['fʋtweə(r)]
stivali (m pl)	boots	[bu:ts]
tacco (m)	heel	[hi:l]

| laccio (m) | shoestring | [ˈʃuːstrɪŋ] |
| lucido (m) per le scarpe | shoe polish | [ʃuː ˈpɒlɪʃ] |

cotone (m)	cotton	[ˈkɒtən]
lana (f)	wool	[wʊl]
pelliccia (f)	fur	[fɜː(r)]

guanti (m pl)	gloves	[glʌvz]
manopole (f pl)	mittens	[ˈmɪtənz]
sciarpa (f)	scarf	[skɑːf]
occhiali (m pl)	glasses	[glɑːsɪz]
ombrello (m)	umbrella	[ʌmˈbrelə]

cravatta (f)	tie	[taɪ]
fazzoletto (m)	handkerchief	[ˈhæŋkətʃɪf]
pettine (m)	comb	[kəʊm]
spazzola (f) per capelli	hairbrush	[ˈheəbrʌʃ]
fibbia (f)	buckle	[ˈbʌkəl]
cintura (f)	belt	[belt]
borsetta (f)	purse	[pɜːs]

collo (m)	collar	[ˈkɒlə(r)]
tasca (f)	pocket	[ˈpɒkɪt]
manica (f)	sleeve	[sliːv]
patta (f) (~ dei pantaloni)	fly	[flaɪ]

cerniera (f) lampo	zipper	[ˈzɪpə(r)]
bottone (m)	button	[ˈbʌtən]
sporcarsi (vr)	to get dirty (vi)	[tə get ˈdɜːtɪ]
macchia (f)	stain	[steɪn]

8. Città. Servizi cittadini

negozio (m)	store	[stɔː(r)]
centro (m) commerciale	shopping mall	[ˈʃɒpɪŋ mɔːl]
supermercato (m)	supermarket	[ˈsuːpəˌmɑːkɪt]
negozio (m) di scarpe	shoe store	[ˈʃuː stɔː(r)]
libreria (f)	bookstore	[ˈbʊkstɔː(r)]

farmacia (f)	drugstore, pharmacy	[ˈdrʌgstɔː(r)], [ˈfɑːməsɪ]
panetteria (f)	bakery	[ˈbeɪkərɪ]
pasticceria (f)	pastry shop	[ˈpeɪstrɪ ʃɒp]
drogheria (f)	grocery store	[ˈgrəʊsərɪ stɔː(r)]
macelleria (f)	butcher shop	[ˈbʊtʃəzʃɒp]
fruttivendolo (m)	produce store	[ˈprɒdjuːs stɔː]
mercato (m)	market	[ˈmɑːkɪt]

salone (m) di parrucchiere	hair salon	[ˈheə ˈsælɒn]
ufficio (m) postale	post office	[pəʊst ˈɒfɪs]
lavanderia (f) a secco	dry cleaners	[ˌdraɪ ˈkliːnəz]

circo (m)	circus	['sɜːkəs]
zoo (m)	zoo	[zuː]
teatro (m)	theater	['θɪətə(r)]
cinema (m)	movie theater	['muːvɪ 'θɪətə(r)]
museo (m)	museum	[mjuː'ziːəm]
biblioteca (f)	library	['laɪbrərɪ]

moschea (f)	mosque	[mɒsk]
sinagoga (f)	synagogue	['sɪnəgɒg]
cattedrale (f)	cathedral	[kə'θiːdrəl]
tempio (m)	temple	['tempəl]
chiesa (f)	church	[ʧɜːʧ]

istituto (m)	college	['kɒlɪʤ]
università (f)	university	[ˌjuːnɪ'vɜːsətɪ]
scuola (f)	school	[skuːl]

albergo, hotel (m)	hotel	[həʊ'tel]
banca (f)	bank	[bæŋk]
ambasciata (f)	embassy	['embəsɪ]
agenzia (f) di viaggi	travel agency	['trævəl 'eɪʤənsɪ]

metropolitana (f)	subway	['sʌbweɪ]
ospedale (m)	hospital	['hɒspɪtəl]
distributore (m) di benzina	gas station	[gæs 'steɪʃən]
parcheggio (m)	parking lot	['pɑːkɪŋ lɒt]

ENTRATA	ENTRANCE	['entrəns]
USCITA	EXIT	['eksɪt]
SPINGERE	PUSH	[pʊʃ]
TIRARE	PULL	[pʊl]
APERTO	OPEN	['əʊpən]
CHIUSO	CLOSED	[kləʊzd]

monumento (m)	monument	['mɒnjumənt]
fortezza (f)	fortress	['fɔːtrɪs]
palazzo (m)	palace	['pælɪs]

medievale (agg)	medieval	[ˌmedɪ'iːvəl]
antico (agg)	ancient	['eɪnʃənt]
nazionale (agg)	national	['næʃənəl]
famoso (agg)	famous	['feɪməs]

9. Denaro. Mezzi finanziari

soldi (m pl)	money	['mʌnɪ]
moneta (f)	coin	[kɔɪn]
dollaro (m)	dollar	['dɒlə(r)]
euro (m)	euro	['jʊərəʊ]
bancomat (m)	ATM	[ˌeɪtiː'em]

ufficio (m) dei cambi	currency exchange	['kʌrənsı ıks'tʃeındʒ]
corso (m) di cambio	exchange rate	[ıks'tʃeındʒ reıt]
contanti (m pl)	cash	[kæʃ]
Quanto?	How much?	[ˌhaʊ 'mʌtʃ]
pagare (vi, vt)	to pay (vi, vt)	[tə peı]
pagamento (m)	payment	['peımənt]
resto (m) (dare il ~)	change	[tʃeındʒ]

prezzo (m)	price	[praıs]
sconto (m)	discount	['dıskaʊnt]
a buon mercato	cheap	[tʃi:p]
caro (agg)	expensive	[ık'spensıv]

banca (f)	bank	[bæŋk]
conto (m)	account	[ə'kaʊnt]
carta (f) di credito	credit card	['kredıt kɑ:d]
assegno (m)	check	[tʃek]
emettere un assegno	to write a check	[tə ˌraıt ə 'tʃek]
libretto (m) di assegni	checkbook	['tʃekˌbʊk]

debito (m)	debt	[det]
debitore (m)	debtor	['detə(r)]
prestare (~ i soldi)	to lend (vt)	[tə lend]
prendere in prestito	to borrow (vt)	[tə 'bɒrəʊ]
noleggiare (~ un abito)	to rent (vt)	[tə rent]
a credito	on credit	[ɒn 'kredıt]
portafoglio (m)	wallet	['wɒlıt]
cassaforte (f)	safe	[seıf]
eredità (f)	inheritance	[ın'herıtəns]
fortuna (f)	fortune	['fɔ:tʃu:n]

imposta (f)	tax	[tæks]
multa (f), ammenda (f)	fine	[faın]
multare (vt)	to fine (vt)	[tə faın]

all'ingrosso (agg)	wholesale	['həʊlseıl]
al dettaglio (agg)	retail	['ri:teıl]
assicurare (vt)	to insure (vt)	[tu ın'ʃʊə:(r)]
assicurazione (f)	insurance	[ın'ʃʊə:rəns]

capitale (m)	capital	['kæpıtəl]
giro (m) di affari	turnover	['tз:nˌəʊvə(r)]
azione (f)	stock, share	[stɒk], [ʃeə(r)]
profitto (m)	profit	['prɒfıt]
redditizio (agg)	profitable	['prɒfıtəbəl]

crisi (f)	crisis	['kraısıs]
bancarotta (f)	bankruptcy	['bæŋkrʌptsı]
fallire (vi)	to go bankrupt	[tə gəʊ 'bæŋkrʌpt]
contabile (m)	accountant	[ə'kaʊntənt]
stipendio (m)	salary	['sælərı]
premio (m)	bonus	['bəʊnəs]

10. Trasporto

autobus (m)	**bus**	[bʌs]
tram (m)	**streetcar**	['striːtkɑː(r)]
filobus (m)	**trolley bus**	['trɒlɪbʌs]
andare in …	**to go by …**	[tə gəʊ baɪ]
salire (~ sull'autobus)	**to get on**	[tə get ɒn]
scendere da …	**to get off …**	[tə get ɒf]
fermata (f) (~ dell'autobus)	**stop**	[stɒp]
capolinea (m)	**terminus**	['tɜːmɪnəs]
orario (m)	**schedule**	['skedʒʊl]
biglietto (m)	**ticket**	['tɪkɪt]
essere in ritardo	**to be late**	[tə bi 'leɪt]
taxi (m)	**taxi, cab**	['tæksɪ], [kæb]
in taxi	**by taxi**	[baɪ 'tæksɪ]
parcheggio (m) di taxi	**taxi stand**	['tæksɪ stænd]
traffico (m)	**traffic**	['træfɪk]
ore (f pl) di punta	**rush hour**	['rʌʃ ˌaʊə(r)]
parcheggiarsi (vr)	**to park (vi)**	[tə pɑːk]
metropolitana (f)	**subway**	['sʌbweɪ]
stazione (f)	**station**	['steɪʃən]
treno (m)	**train**	[treɪn]
stazione (f) ferroviaria	**train station**	[treɪn 'steɪʃən]
rotaie (f pl)	**rails**	[reɪlz]
scompartimento (m)	**compartment**	[kəm'pɑːtmənt]
cuccetta (f)	**berth**	[bɜːθ]
aereo (m)	**airplane**	['eəpleɪn]
biglietto (m) aereo	**air ticket**	['eə 'tɪkɪt]
compagnia (f) aerea	**airline**	['eəlaɪn]
aeroporto (m)	**airport**	['eəpɔːt]
volo (m)	**flight**	[flaɪt]
bagaglio (m)	**luggage**	['lʌgɪdʒ]
carrello (m)	**luggage cart**	['lʌgɪdʒ kɑːt]
nave (f)	**ship**	[ʃɪp]
transatlantico (m)	**cruise ship**	[kruːz ʃɪp]
yacht (m)	**yacht**	[jɒt]
barca (f)	**boat**	[bəʊt]
capitano (m)	**captain**	['kæptɪn]
cabina (f)	**cabin**	['kæbɪn]
porto (m)	**port**	[pɔːt]
bicicletta (f)	**bicycle**	['baɪsɪkəl]
motorino (m)	**scooter**	['skuːtə(r)]

motocicletta (f)	motorcycle, bike	['məʊtəˌsaɪkəl], [baɪk]
pedale (m)	pedal	['pedəl]
pompa (f)	pump	[pʌmp]
ruota (f)	wheel	[wiːl]

automobile (f)	automobile, car	['ɔːtəməbiːl], [kɑː(r)]
ambulanza (f)	ambulance	['æmbjʊləns]
camion (m)	truck	[trʌk]
di seconda mano	used	[juːzd]
incidente (m)	car crash	[kɑːr kræʃ]
riparazione (f)	repair	[rɪ'peə(r)]

11. Cibo. Parte 1

carne (f)	meat	[miːt]
pollo (m)	chicken	['tʃɪkɪn]
anatra (f)	duck	[dʌk]

maiale (m)	pork	[pɔːk]
vitello (m)	veal	[viːl]
agnello (m)	lamb	[læm]
manzo (m)	beef	[biːf]

salame (m)	sausage	['sɒsɪdʒ]
uovo (m)	egg	[eg]
pesce (m)	fish	[fɪʃ]
formaggio (m)	cheese	[tʃiːz]
zucchero (m)	sugar	['ʃʊgə(r)]
sale (m)	salt	[sɔːlt]

riso (m)	rice	[raɪs]
pasta (f)	pasta	['pæstə]
burro (m)	butter	['bʌtə(r)]
olio (m) vegetale	vegetable oil	['vedʒtəbəl ɔɪl]
pane (m)	bread	[bred]
cioccolato (m)	chocolate	['tʃɒkələt]

vino (m)	wine	[waɪn]
caffè (m)	coffee	['kɒfɪ]
latte (m)	milk	[mɪlk]
succo (m)	juice	[dʒuːs]
birra (f)	beer	[bɪə(r)]
tè (m)	tea	[tiː]

pomodoro (m)	tomato	[tə'meɪtəʊ]
cetriolo (m)	cucumber	['kjuːkʌmbə(r)]
carota (f)	carrot	['kærət]
patata (f)	potato	[pə'teɪtəʊ]
cipolla (f)	onion	['ʌnjən]
aglio (m)	garlic	['gɑːlɪk]

cavolo (m)	cabbage	['kæbɪʤ]
barbabietola (f)	beet	[bi:t]
melanzana (f)	eggplant	['egplɑ:nt]
aneto (m)	dill	[dɪl]
lattuga (f)	lettuce	['letɪs]
mais (m)	corn	[kɔ:n]

frutto (m)	fruit	[fru:t]
mela (f)	apple	['æpəl]
pera (f)	pear	[peə(r)]
limone (m)	lemon	['lemən]
arancia (f)	orange	['ɒrɪnʤ]
fragola (f)	strawberry	['strɔ:berɪ]

prugna (f)	plum	[plʌm]
lampone (m)	raspberry	['rɑ:zberɪ]
ananas (m)	pineapple	['paɪnˌæpəl]
banana (f)	banana	[bə'nɑ:nə]
anguria (f)	watermelon	['wɔ:təˌmelən]
uva (f)	grape	[greɪp]
melone (m)	melon	['melən]

12. Cibo. Parte 2

cucina (f)	cuisine	[kwɪ'zi:n]
ricetta (f)	recipe	['resɪpɪ]
cibo (m)	food	[fu:d]

fare colazione	to have breakfast	[tə hæv 'brekfəst]
pranzare (vi)	to have lunch	[tə hæv lʌntʃ]
cenare (vi)	to have dinner	[tə hæv 'dɪnə(r)]

gusto (m)	taste, flavor	[teɪst], ['fleɪvə(r)]
buono, gustoso (agg)	tasty	['teɪstɪ]
freddo (agg)	cold	[kəʊld]
caldo (agg)	hot	[hɒt]
dolce (gusto)	sweet	[swi:t]
salato (agg)	salty	['sɔ:ltɪ]

panino (m)	sandwich	['sænwɪʤ]
contorno (m)	side dish	[saɪd dɪʃ]
ripieno (m)	filling	['fɪlɪŋ]
salsa (f)	sauce	[sɔ:s]
pezzo (m) (~ di torta)	piece	[pi:s]

dieta (f)	diet	['daɪət]
vitamina (f)	vitamin	['vaɪtəmɪn]
caloria (f)	calorie	['kælərɪ]
vegetariano (m)	vegetarian	[ˌveʤɪ'teərɪən]
ristorante (m)	restaurant	['restrɒnt]

caffè (m)	coffee house	['kɒfɪ ˌhaʊs]
appetito (m)	appetite	['æpɪtaɪt]
Buon appetito!	Enjoy your meal!	[ɪn'dʒɔɪ jɔː ˌmiːl]

cameriere (m)	waiter	['weɪtə(r)]
cameriera (f)	waitress	['weɪtrɪs]
barista (m)	bartender	['bɑːrˌtendə(r)]
menù (m)	menu	['menjuː]

cucchiaio (m)	spoon	[spuːn]
coltello (m)	knife	[naɪf]
forchetta (f)	fork	[fɔːk]
tazza (f)	cup	[kʌp]

piatto (m)	plate	[pleɪt]
piattino (m)	saucer	['sɔːsə(r)]
tovagliolo (m)	napkin	['næpkɪn]
stuzzicadenti (m)	toothpick	['tuːθpɪk]

ordinare (~ il pranzo)	to order (vi, vt)	[tə 'ɔːdə(r)]
piatto (m) (~ principale)	course, dish	[kɔːs], [dɪʃ]
porzione (f)	portion	['pɔːʃən]
antipasto (m)	appetizer	['æpɪtaɪzə(r)]
insalata (f)	salad	['sæləd]
minestra (f)	soup	[suːp]

dolce (m)	dessert	[dɪ'zɜːt]
marmellata (f)	jam	[dʒæm]
gelato (m)	ice-cream	[aɪs kriːm]
conto (m)	check	[tʃek]
pagare il conto	to pay the check	[tə peɪ ðə tʃek]
mancia (f)	tip	[tɪp]

13. Casa. Appartamento. Parte 1

casa (f)	house	[haʊs]
casa (f) di campagna	country house	['kʌntrɪ haʊs]
villa (f)	villa	['vɪlə]

piano (m)	floor, story	[flɔː(r)], ['stɔːrɪ]
entrata (f)	entrance	['entrəns]
muro (m)	wall	[wɔːl]
tetto (m)	roof	[ruːf]
ciminiera (f)	chimney	['tʃɪmnɪ]

soffitta (f)	attic	['ætɪk]
finestra (f)	window	['wɪndəʊ]
davanzale (m)	window ledge	['wɪndəʊ ledʒ]
balcone (m)	balcony	['bælkənɪ]
scala (f)	stairs	[steəz]

cassetta (f) della posta	mailbox	['meɪlbɒks]
secchio (m) della spazzatura	garbage can	['gɑːbɪdʒ kæn]
ascensore (m)	elevator	['elɪveɪtə(r)]

elettricità (f)	electricity	[ˌɪlek'trɪsətɪ]
lampadina (f)	light bulb	['laɪt ˌbʌlb]
interruttore (m)	switch	[swɪtʃ]
presa (f) elettrica	wall socket	[wɔːl 'sɒkɪt]
fusibile (m)	fuze, fuse	[fjuːz]

porta (f)	door	[dɔː(r)]
maniglia (f)	handle	['hændəl]
chiave (f)	key	[kiː]
zerbino (m)	doormat	['dɔːmæt]

serratura (f)	lock	[lɒk]
campanello (m)	doorbell	['dɔːbel]
bussata (f)	knock	[nɒk]
bussare (vi)	to knock (vi)	[tə nɒk]
spioncino (m)	peephole	['piːphəʊl]

cortile (m)	yard	[jɑːd]
giardino (m)	garden	['gɑːdən]
piscina (f)	swimming pool	['swɪmɪŋ puːl]
palestra (f)	gym	[dʒɪm]
campo (m) da tennis	tennis court	['tenɪs kɔːt]
garage (m)	garage	[gə'rɑːʒ]

proprietà (f) privata	private property	['praɪvɪt 'prɒpətɪ]
cartello (m) di avvertimento	warning sign	['wɔːnɪŋ saɪn]
sicurezza (f)	security	[sɪ'kjʊərətɪ]
guardia (f) giurata	security guard	[sɪ'kjʊərətɪ gɑːd]

lavori (m pl) di restauro	renovations	[ˌrenə'veɪʃənz]
rinnovare (ridecorare)	to renovate (vt)	[tə 'renəveɪt]
mettere in ordine	to put in order	[tə pʊt ɪn 'ɔːdə(r)]
pitturare (~ un muro)	to paint (vt)	[tə peɪnt]
carta (f) da parati	wallpaper	['wɔːlˌpeɪpə(r)]

verniciare (vt)	to varnish (vt)	[tə 'vɑːnɪʃ]
tubo (m)	pipe	[paɪp]
strumenti (m pl)	tools	[tuːlz]
seminterrato (m)	basement	['beɪsmənt]
fognatura (f)	sewerage	['sʊərɪdʒ]

14. Casa. Appartamento. Parte 2

| appartamento (m) | apartment | [ə'pɑːtmənt] |
| camera (f), stanza (f) | room | [rʊːm] |

| camera (f) da letto | bedroom | ['bedrʊm] |
| sala (f) da pranzo | dining room | ['daɪnɪŋ rʊm] |

salotto (m)	living room	['lɪvɪŋ ru:m]
studio (m)	study	['stʌdɪ]
ingresso (m)	entry room	['entrɪ ru:m]
bagno (m)	bathroom	['bɑ:θrʊm]
gabinetto (m)	half bath	[hɑ:f bɑ:θ]

| pavimento (m) | floor | [flɔ:(r)] |
| soffitto (m) | ceiling | ['si:lɪŋ] |

spolverare (vt)	to dust (vt)	[tə dʌst]
aspirapolvere (m)	vacuum cleaner	['vækjʊəm 'kli:nə(r)]
passare l'aspirapolvere	to vacuum (vt)	[tə 'vækjʊəm]

frettazzo (m)	mop	[mɒp]
strofinaccio (m)	dust cloth	[dʌst klɒθ]
scopa (f)	broom	[bru:m]
paletta (f)	dustpan	['dʌstpæn]
mobili (m pl)	furniture	['fɜ:nɪtʃə(r)]
tavolo (m)	table	['teɪbəl]
sedia (f)	chair	[tʃeə(r)]
poltrona (f)	armchair	['ɑ:mtʃeə(r)]

libreria (f)	bookcase	['bʊkkeɪs]
ripiano (m)	shelf	[ʃelf]
armadio (m)	wardrobe	['wɔ:drəʊb]

specchio (m)	mirror	['mɪrə(r)]
tappeto (m)	carpet	['kɑ:pɪt]
camino (m)	fireplace	['faɪəpleɪs]
tende (f pl)	drapes	[dreɪps]
lampada (f) da tavolo	table lamp	['teɪbəl læmp]
lampadario (m)	chandelier	[ˌʃændə'lɪə(r)]

cucina (f)	kitchen	['kɪtʃɪn]
fornello (m) a gas	gas stove	['gæs stəʊv]
fornello (m) elettrico	electric stove	[ɪ'lektrɪk stəʊv]
forno (m) a microonde	microwave oven	['maɪkrəweɪv 'ʌvən]

frigorifero (m)	fridge	[frɪdʒ]
congelatore (m)	freezer	['fri:zə(r)]
lavastoviglie (f)	dishwasher	['dɪʃˌwɒʃə(r)]
rubinetto (m)	faucet	['fɔ:sɪt]

tritacarne (m)	meat grinder	[mi:t 'graɪndə(r)]
spremifrutta (m)	juicer	['dʒu:sə]
tostapane (m)	toaster	['təʊstə(r)]
mixer (m)	mixer	['mɪksə(r)]
macchina (f) da caffè	coffee machine	['kɒfɪ mə'ʃi:n]
bollitore (m)	kettle	['ketəl]

teiera (f)	teapot	['ti:pɒt]
televisore (m)	TV set	[ˌti:'vi: set]
videoregistratore (m)	video, VCR	['vɪdɪəʊ], [ˌvi:si:'ɑ:(r)]
ferro (m) da stiro	iron	['aɪrən]
telefono (m)	telephone	['telɪfəʊn]

15. Attività lavorative. Condizione sociale

direttore (m)	director	[dɪ'rektə(r)]
superiore (m)	superior	[su:'pɪərɪə]
presidente (m)	president	['prezɪdənt]
assistente (m)	assistant	[ə'sɪstənt]
segretario (m)	secretary	['sekrətərɪ]

proprietario (m)	owner	['əʊnə(r)]
partner (m)	partner	['pɑ:tnə(r)]
azionista (m)	stockholder	['stɒkˌhəʊldə(r)]

uomo (m) d'affari	businessman	['bɪznɪsmæn]
milionario (m)	millionaire	[ˌmɪljə'neə(r)]
miliardario (m)	billionaire	[ˌbɪljə'neə(r)]

attore (m)	actor	['æktə(r)]
architetto (m)	architect	['ɑ:kɪtekt]
banchiere (m)	banker	['bæŋkə(r)]
broker (m)	broker	['brəʊkə(r)]
veterinario (m)	veterinarian	[ˌvetərɪ'neərɪən]
medico (m)	doctor	['dɒktə(r)]
cameriera (f)	chambermaid	['tʃeɪmbəˌmeɪd]
designer (m)	designer	[dɪ'zaɪnə(r)]
corrispondente (m)	correspondent	[ˌkɒrɪ'spɒndənt]
fattorino (m)	delivery man	[dɪ'lɪvərɪ mæn]

elettricista (m)	electrician	[ˌɪlek'trɪʃən]
musicista (m)	musician	[mju:'zɪʃən]
baby-sitter (m, f)	babysitter	['beɪbɪ 'sɪtə(r)]
parrucchiere (m)	hairdresser	['heəˌdresə(r)]
pastore (m)	herder	['hɜ:də(r)]

cantante (m)	singer	['sɪŋə(r)]
traduttore (m)	translator	[træns'leɪtə(r)]
scrittore (m)	writer	['raɪtə(r)]
falegname (m)	carpenter	['kɑ:pəntə(r)]
cuoco (m)	cook	[kʊk]

pompiere (m)	fireman	['faɪəmən]
poliziotto (m)	police officer	[pə'li:s 'ɒfɪsə(r)]
postino (m)	mailman	['meɪlmən]
programmatore (m)	programmer	['prəʊgræmə(r)]
commesso (m)	salesman	['seɪlzmən]

operaio (m)	worker	['wɜːkə(r)]
giardiniere (m)	gardener	['gɑːdnə(r)]
idraulico (m)	plumber	['plʌmə(r)]
dentista (m)	dentist	['dentɪst]
hostess (f)	flight attendant	[ˌflaɪt ə'tendənt]
danzatore (m)	dancer	['dɑːnsə(r)]
guardia (f) del corpo	bodyguard	['bɒdɪgɑːd]
scienziato (m)	scientist	['saɪəntɪst]
insegnante (m, f)	teacher	['tiːtʃə(r)]
fattore (m)	farmer	['fɑːmə(r)]
chirurgo (m)	surgeon	['sɜːdʒən]
minatore (m)	miner	['maɪnə(r)]
capocuoco (m)	chef	[ʃef]
autista (m)	driver	['draɪvə(r)]

16. Sport

sport (m)	kind of sports	[kaɪnd əv spɔːts]
calcio (m)	soccer	['sɒkə(r)]
hockey (m)	hockey	[ˌhɒkɪ]
pallacanestro (m)	basketball	['bɑːskɪtbɔːl]
baseball (m)	baseball	['beɪsbɔːl]
pallavolo (m)	volleyball	['vɒlɪbɔːl]
pugilato (m)	boxing	['bɒksɪŋ]
lotta (f)	wrestling	['reslɪŋ]
tennis (m)	tennis	['tenɪs]
nuoto (m)	swimming	['swɪmɪŋ]
scacchi (m pl)	chess	[tʃes]
corsa (f)	running	['rʌnɪŋ]
atletica (f) leggera	athletics	[æθ'letɪks]
pattinaggio (m) artistico	figure skating	['fɪgjə 'skeɪtɪŋ]
ciclismo (m)	cycling	['saɪklɪŋ]
biliardo (m)	billiards	['bɪljədz]
culturismo (m)	bodybuilding	['bɒdɪˌbɪldɪŋ]
golf (m)	golf	[gɒlf]
immersione (f) subacquea	scuba diving	['skuːbə 'daɪvɪŋ]
vela (f)	sailing	['seɪlɪŋ]
tiro (m) con l'arco	archery	['ɑːtʃərɪ]
tempo (m)	period, half	['pɪərɪəd], [hɑːf]
intervallo (m)	half-time	[hɑːf taɪm]
pareggio (m)	tie	[taɪ]
pareggiare (vi)	to tie (vi)	[tə taɪ]
tapis roulant (m)	treadmill	['tredmɪl]
giocatore (m)	player	['pleɪə(r)]

| riserva (f) | substitute | ['sʌbstɪtjuːt] |
| panchina (f) | substitutes bench | ['sʌbstɪtjuːts bentʃ] |

partita (f)	match	[mætʃ]
porta (f)	goal	[gəʊl]
portiere (m)	goalkeeper	['gəʊlˌkiːpə(r)]
gol (m)	goal	[gəʊl]

Giochi (m pl) Olimpici	Olympic Games	[ə'lɪmpɪk geɪmz]
stabilire un record	to set a record	[tə set ə 'rekɔːd]
finale (m)	final	['faɪnəl]
campione (m)	champion	['tʃæmpjən]
campionato (m)	championship	['tʃæmpjənʃɪp]

vincitore (m)	winner	['wɪnə(r)]
vittoria (f)	victory	['vɪktərɪ]
vincere (vi)	to win (vi)	[tə wɪn]
medaglia (f)	medal	['medəl]

primo posto (m)	first place	[fɜːst pleɪs]
secondo posto (m)	second place	['sekənd pleɪs]
terzo posto (m)	third place	[θɜːd pleɪs]

stadio (m)	stadium	['steɪdjəm]
tifoso, fan (m)	fan, supporter	[fæn], [sə'pɔːtə(r)]
allenatore (m)	trainer, coach	['treɪnə(r)], [kəʊtʃ]
allenamento (m)	training	['treɪnɪŋ]

17. Lingue straniere. Ortografia

lingua (f)	language	['læŋgwɪdʒ]
studiare (vt)	to study (vt)	[tə 'stʌdɪ]
pronuncia (f)	pronunciation	[prəˌnʌnsɪ'eɪʃən]
accento (m)	accent	['æksent]

sostantivo (m)	noun	[naʊn]
aggettivo (m)	adjective	['ædʒɪktɪv]
verbo (m)	verb	[vɜːb]
avverbio (m)	adverb	['ædvɜːb]

pronome (m)	pronoun	['prəʊnaʊn]
interiezione (f)	interjection	[ˌɪntə'dʒekʃən]
preposizione (f)	preposition	[ˌprepə'zɪʃən]

radice (f)	root	[ruːt]
desinenza (f)	ending	['endɪŋ]
prefisso (m)	prefix	['priːfɪks]
sillaba (f)	syllable	['sɪləbəl]
suffisso (m)	suffix	['sʌfɪks]
accento (m)	stress mark	['stres ˌmɑːk]

punto (m)	period, dot	['pɪərɪəd], [dɒt]
virgola (f)	comma	['kɒmə]
due punti	colon	['kəʊlən]
puntini di sospensione	ellipsis	[ɪ'lɪpsɪs]

domanda (f)	question	['kwestʃən]
punto (m) interrogativo	question mark	['kwestʃən mɑ:k]
punto (m) esclamativo	exclamation point	[ˌeksklə'meɪʃən pɔɪnt]

tra virgolette	in quotation marks	[ɪn kwəʊ'teɪʃən mɑ:ks]
tra parentesi	in parenthesis	[ɪn pə'renθɪsɪs]
lettera (f)	letter	['letə(r)]
lettera (f) maiuscola	capital letter	['kæpɪtəl 'letə(r)]

proposizione (f)	sentence	['sentəns]
gruppo (m) di parole	group of words	[gru:p əf wɜ:dz]
espressione (f)	expression	[ɪk'spreʃən]

soggetto (m)	subject	['sʌbdʒɪkt]
predicato (m)	predicate	['predɪkət]
riga (f)	line	[laɪn]
capoverso (m)	paragraph	['pærəgrɑ:f]

sinonimo (m)	synonym	['sɪnənɪm]
antonimo (m)	antonym	['æntənɪm]
eccezione (f)	exception	[ɪk'sepʃən]
sottolineare (vt)	to underline (vt)	[tə ˌʌndə'laɪn]

regole (f pl)	rules	[ru:lz]
grammatica (f)	grammar	['græmə(r)]
lessico (m)	vocabulary	[və'kæbjʊlərɪ]
fonetica (f)	phonetics	[fə'netɪks]
alfabeto (m)	alphabet	['ælfəbet]

manuale (m)	textbook	['tekstbʊk]
dizionario (m)	dictionary	['dɪkʃənərɪ]
frasario (m)	phrasebook	['freɪzbʊk]

vocabolo (m)	word	[wɜ:d]
significato (m)	meaning	['mi:nɪŋ]
memoria (f)	memory	['memərɪ]

18. La Terra. Geografia

la Terra	the Earth	[ðɪ ɜ:θ]
globo (m) terrestre	the globe	[ðɪ gləʊb]
pianeta (m)	planet	['plænɪt]

| geografia (f) | geography | [dʒɪ'ɒgrəfɪ] |
| natura (f) | nature | ['neɪtʃə(r)] |

| carta (f) geografica | map | [mæp] |
| atlante (m) | atlas | ['ætləs] |

al nord	in the north	[ɪn ðə nɔ:θ]
al sud	in the south	[ɪn ðə saʊθ]
all'ovest	in the west	[ɪn ðə west]
all'est	in the east	[ɪn ðɪ i:st]

mare (m)	sea	[si:]
oceano (m)	ocean	['əʊʃən]
golfo (m)	gulf	[gʌlf]
stretto (m)	straits	[streɪts]

continente (m)	continent	['kɒntɪnənt]
isola (f)	island	['aɪlənd]
penisola (f)	peninsula	[pə'nɪnsjʊlə]
arcipelago (m)	archipelago	[,ɑːkɪ'pelɪgəʊ]

porto (m)	harbor	['hɑːbə(r)]
barriera (f) corallina	coral reef	['kɒrəl ri:f]
litorale (m)	shore	[ʃɔ:(r)]
costa (f)	coast	[kəʊst]

| alta marea (f) | flow | [fləʊ] |
| bassa marea (f) | ebb | [eb] |

latitudine (f)	latitude	['lætɪtju:d]
longitudine (f)	longitude	['lɒndʒɪtju:d]
parallelo (m)	parallel	['pærəlel]
equatore (m)	equator	[ɪ'kweɪtə(r)]

cielo (m)	sky	[skaɪ]
orizzonte (m)	horizon	[hə'raɪzən]
atmosfera (f)	atmosphere	['ætmə,sfɪə(r)]

monte (m), montagna (f)	mountain	['maʊntɪn]
cima (f)	summit, top	['sʌmɪt], [tɒp]
falesia (f)	cliff	[klɪf]
collina (f)	hill	[hɪl]

vulcano (m)	volcano	[vɒl'kenəʊ]
ghiacciaio (m)	glacier	['gleɪʃə(r)]
cascata (f)	waterfall	['wɔ:təfɔ:l]
pianura (f)	plain	[pleɪn]

fiume (m)	river	['rɪvə(r)]
fonte (f) (sorgente)	spring	[sprɪŋ]
riva (f)	bank	[bæŋk]
a valle	downstream	['daʊn,stri:m]
a monte	upstream	[,ʌp'stri:m]
lago (m)	lake	[leɪk]
diga (f)	dam	[dæm]

canale (m)	canal	[kə'næl]
palude (f)	swamp	[swɒmp]
ghiaccio (m)	ice	[aɪs]

19. Paesi. Parte 1

Europa (f)	Europe	['jʊərəp]
Unione (f) Europea	European Union	[ˌjʊərə'piːən 'juːnɪən]
europeo (m)	European	[ˌjʊərə'piːən]
europeo (agg)	European	[ˌjʊərə'piːən]

Austria (f)	Austria	['ɒstrɪə]
Gran Bretagna (f)	Great Britain	[greɪt 'brɪtən]
Inghilterra (f)	England	['ɪŋglənd]
Belgio (m)	Belgium	['beldʒəm]
Germania (f)	Germany	['dʒɜːmənɪ]

Paesi Bassi (m pl)	Netherlands	['neðələndz]
Olanda (f)	Holland	['hɒlənd]
Grecia (f)	Greece	[griːs]
Danimarca (f)	Denmark	['denmɑːk]
Irlanda (f)	Ireland	['aɪələnd]

Islanda (f)	Iceland	['aɪslənd]
Spagna (f)	Spain	[speɪn]
Italia (f)	Italy	['ɪtəlɪ]
Cipro (m)	Cyprus	['saɪprəs]
Malta (f)	Malta	['mɔːltə]

Norvegia (f)	Norway	['nɔːweɪ]
Portogallo (f)	Portugal	['pɔːtʃʊgəl]
Finlandia (f)	Finland	['fɪnlənd]
Francia (f)	France	[frɑːns]
Svezia (f)	Sweden	['swiːdən]

Svizzera (f)	Switzerland	['swɪtsələnd]
Scozia (f)	Scotland	['skɒtlənd]
Vaticano (m)	Vatican	['vætɪkən]
Liechtenstein (m)	Liechtenstein	['lɪktənstaɪn]
Lussemburgo (m)	Luxembourg	['lʌksəmbɜːg]

Monaco (m)	Monaco	['mɒnəkəʊ]
Albania (f)	Albania	[æl'beɪnɪə]
Bulgaria (f)	Bulgaria	[bʌl'geərɪə]
Ungheria (f)	Hungary	['hʌŋgərɪ]
Lettonia (f)	Latvia	['lætvɪə]

Lituania (f)	Lithuania	[ˌlɪθjʊ'eɪnjə]
Polonia (f)	Poland	['pəʊlənd]
Romania (f)	Romania	[ruː'meɪnɪə]

Serbia (f)	**Serbia**	['sɜːbɪə]
Slovacchia (f)	**Slovakia**	[sləˈvækɪə]
Croazia (f)	**Croatia**	[krəʊˈeɪʃə]
Repubblica (f) Ceca	**Czech Republic**	[tʃek rɪˈpʌblɪk]
Estonia (f)	**Estonia**	[eˈstəʊnjə]
Bosnia-Erzegovina (f)	**Bosnia and Herzegovina**	['bɒznɪə ənd ˌheətsəɡəˈviːnə]
Macedonia (f)	**Macedonia**	[ˌmæsɪˈdəʊnɪə]
Slovenia (f)	**Slovenia**	[sləˈviːnɪə]
Montenegro (m)	**Montenegro**	[ˌmɒntɪˈniːɡrəʊ]
Bielorussia (f)	**Belarus**	[ˌbeləˈruːs]
Moldavia (f)	**Moldavia**	[mɒlˈdeɪvɪə]
Russia (f)	**Russia**	['rʌʃə]
Ucraina (f)	**Ukraine**	[juːˈkreɪn]

20. Paesi. Parte 2

Asia (f)	**Asia**	['eɪʒə]
Vietnam (m)	**Vietnam**	[ˌvjetˈnɑːm]
India (f)	**India**	['ɪndɪə]
Israele (m)	**Israel**	['ɪzreɪəl]
Cina (f)	**China**	['tʃaɪnə]
Libano (m)	**Lebanon**	['lebənən]
Mongolia (f)	**Mongolia**	[mɒŋˈɡəʊlɪə]
Malesia (f)	**Malaysia**	[məˈleɪzɪə]
Pakistan (m)	**Pakistan**	['pækɪstæn]
Arabia Saudita (f)	**Saudi Arabia**	['saʊdɪ əˈreɪbɪə]
Tailandia (f)	**Thailand**	['taɪlænd]
Taiwan (m)	**Taiwan**	[ˌtaɪˈwɑːn]
Turchia (f)	**Turkey**	['tɜːkɪ]
Giappone (m)	**Japan**	[dʒəˈpæn]
Afghanistan (m)	**Afghanistan**	[æfˈɡænɪˌstæn]
Bangladesh (m)	**Bangladesh**	[ˌbæŋɡləˈdeʃ]
Indonesia (f)	**Indonesia**	[ˌɪndəˈniːzjə]
Giordania (f)	**Jordan**	['dʒɔːdən]
Iraq (m)	**Iraq**	[ɪˈrɑːk]
Iran (m)	**Iran**	[ɪˈrɑːn]
Cambogia (f)	**Cambodia**	[kæmˈbəʊdjə]
Kuwait (m)	**Kuwait**	[kʊˈweɪt]
Laos (m)	**Laos**	[laʊs]
Birmania (f)	**Myanmar**	[ˌmaɪænˈmɑː(r)]
Nepal (m)	**Nepal**	[nɪˈpɔːl]
Emirati (m pl) Arabi	**United Arab Emirates**	[juːˈnaɪtɪd 'ærəb 'emərəts]
Siria (f)	**Syria**	['sɪrɪə]

Palestina (f)	**Palestine**	['pælə‚staɪn]
Corea (f) del Sud	**South Korea**	[saʊθ kə'rɪə]
Corea (f) del Nord	**North Korea**	[nɔ:θ kə'rɪə]
Stati (m pl) Uniti d'America	**United States of America**	[ju:'naɪtɪd steɪts əv ə'merɪkə]
Canada (m)	**Canada**	['kænədə]
Messico (m)	**Mexico**	['meksɪkəʊ]
Argentina (f)	**Argentina**	[‚ɑ:dʒən'ti:nə]
Brasile (m)	**Brazil**	[brə'zɪl]
Colombia (f)	**Colombia**	[kə'lɒmbɪə]
Cuba (f)	**Cuba**	['kju:bə]
Cile (m)	**Chile**	['tʃɪlɪ]
Venezuela (f)	**Venezuela**	[‚venɪ'zweɪlə]
Ecuador (m)	**Ecuador**	['ekwədɔ:(r)]
Le Bahamas	**The Bahamas**	[ðə bə'hɑ:məz]
Panama (m)	**Panama**	['pænəmɑ:]
Egitto (m)	**Egypt**	['i:dʒɪpt]
Marocco (m)	**Morocco**	[mə'rɒkəʊ]
Tunisia (f)	**Tunisia**	[tju:'nɪzɪə]
Kenya (m)	**Kenya**	['kenjə]
Libia (f)	**Libya**	['lɪbɪə]
Repubblica (f) Sudafricana	**South Africa**	[saʊθ 'æfrɪkə]
Australia (f)	**Australia**	[ɒ'streɪljə]
Nuova Zelanda (f)	**New Zealand**	[nju: 'zi:lənd]

21. Tempo. Disastri naturali

tempo (m)	**weather**	['weðə(r)]
previsione (f) del tempo	**weather forecast**	['weðə 'fɔ:kɑ:st]
temperatura (f)	**temperature**	['temprətʃə(r)]
termometro (m)	**thermometer**	[θə'mɒmɪtə(r)]
barometro (m)	**barometer**	[bə'rɒmɪtə(r)]
sole (m)	**sun**	[sʌn]
splendere (vi)	**to shine** (vi)	[tə ʃaɪn]
di sole (una giornata ~)	**sunny**	['sʌnɪ]
sorgere, levarsi (vr)	**to come up** (vi)	[tə kʌm ʌp]
tramontare (vi)	**to set** (vi)	[tə set]
pioggia (f)	**rain**	[reɪn]
piove	**it's raining**	[ɪts 'reɪnɪŋ]
pioggia (f) torrenziale	**pouring rain**	['pɔ:rɪŋ reɪn]
nube (f) di pioggia	**rain cloud**	[reɪn klaʊd]
pozzanghera (f)	**puddle**	['pʌdəl]
bagnarsi (~ sotto la pioggia)	**to get wet**	[tə get wet]

temporale (m)	thunderstorm	[ˈθʌndəstɔːm]
fulmine (f)	lightning	[ˈlaɪtnɪŋ]
lampeggiare (vi)	to flash (vi)	[tə flæʃ]
tuono (m)	thunder	[ˈθʌndə(r)]
tuona	it's thundering	[ɪts ˈθʌndərɪŋ]
grandine (f)	hail	[heɪl]
grandina	it's hailing	[ɪts heɪlɪŋ]

caldo (m), afa (f)	heat	[hiːt]
fa molto caldo	it's hot	[ɪts hɒt]
fa caldo	it's warm	[ɪts wɔːm]
fa freddo	it's cold	[ɪts kəʊld]

foschia (f), nebbia (f)	fog, mist	[fɒg], [mɪst]
nebbioso (agg)	foggy	[ˈfɒgɪ]
nuvola (f)	cloud	[klaʊd]
nuvoloso (agg)	cloudy	[ˈklaʊdɪ]
umidità (f)	humidity	[hjuːˈmɪdətɪ]

neve (f)	snow	[snəʊ]
nevica	it's snowing	[ɪts snəʊɪŋ]
gelo (m)	frost	[frɒst]
sotto zero	below zero	[bɪˈləʊ ˈzɪərəʊ]
brina (f)	hoarfrost	[ˈhɔːˌfrɒst]

maltempo (m)	bad weather	[bæd ˈweðə(r)]
disastro (m)	disaster	[dɪˈzɑːstə(r)]
inondazione (f)	flood	[flʌd]
valanga (f)	avalanche	[ˈævəlɑːnʃ]
terremoto (m)	earthquake	[ˈɜːθkweɪk]

scossa (f)	tremor, shock	[ˈtremə(r)], [ʃɒk]
epicentro (m)	epicenter	[ˈepɪsentə(r)]
eruzione (f)	eruption	[ɪˈrʌpʃən]
lava (f)	lava	[ˈlɑːvə]

tornado (m)	tornado	[tɔːˈneɪdəʊ]
tromba (f) d'aria	twister	[ˈtwɪstə(r)]
uragano (m)	hurricane	[ˈhʌrɪkən]
tsunami (m)	tsunami	[tsuːˈnɑːmɪ]
ciclone (m)	cyclone	[ˈsaɪkləʊn]

22. Animali. Parte 1

| animale (m) | animal | [ˈænɪməl] |
| predatore (m) | predator | [ˈpredətə(r)] |

tigre (f)	tiger	[ˈtaɪgə(r)]
leone (m)	lion	[ˈlaɪən]
lupo (m)	wolf	[wʊlf]

volpe (m)	**fox**	[fɒks]
giaguaro (m)	**jaguar**	['dʒægjuə(r)]
lince (f)	**lynx**	[lɪnks]
coyote (m)	**coyote**	[kɔɪ'əʊtɪ]
sciacallo (m)	**jackal**	['dʒækəl]
iena (f)	**hyena**	[haɪ'i:nə]
scoiattolo (m)	**squirrel**	['skwɜːrəl]
riccio (m)	**hedgehog**	['hedʒhɒg]
coniglio (m)	**rabbit**	['ræbɪt]
procione (f)	**raccoon**	[rə'ku:n]
criceto (m)	**hamster**	['hæmstə(r)]
talpa (f)	**mole**	[məʊl]
topo (m)	**mouse**	[maʊs]
ratto (m)	**rat**	[ræt]
pipistrello (m)	**bat**	[bæt]
castoro (m)	**beaver**	['bi:və(r)]
cavallo (m)	**horse**	[hɔːs]
cervo (m)	**deer**	[dɪə(r)]
cammello (m)	**camel**	['kæməl]
zebra (f)	**zebra**	['zi:brə]
balena (f)	**whale**	[weɪl]
foca (f)	**seal**	[si:l]
tricheco (m)	**walrus**	['wɔːlrəs]
delfino (m)	**dolphin**	['dɒlfɪn]
orso (m)	**bear**	[beə]
scimmia (f)	**monkey**	['mʌŋkɪ]
elefante (m)	**elephant**	['elɪfənt]
rinoceronte (m)	**rhinoceros**	[raɪ'nɒsərəs]
giraffa (f)	**giraffe**	[dʒɪ'rɑːf]
ippopotamo (m)	**hippopotamus**	[ˌhɪpə'pɒtəməs]
canguro (m)	**kangaroo**	[ˌkæŋgə'ru:]
gatta (f)	**cat**	[kæt]
cane (m)	**dog**	[dɒg]
mucca (f)	**cow**	[kaʊ]
toro (m)	**bull**	[bʊl]
pecora (f)	**sheep**	[ʃi:p]
capra (f)	**goat**	[gəʊt]
asino (m)	**donkey**	['dɒŋkɪ]
porco (m)	**pig, hog**	[pɪg], [hɒg]
gallina (f)	**hen**	[hen]
gallo (m)	**rooster**	['ru:stə(r)]
anatra (f)	**duck**	[dʌk]
oca (f)	**goose**	[gu:s]

tacchina (f)	**turkey**	['tɜːkɪ]
cane (m) da pastore	**sheepdog**	['ʃiːpdɒg]

23. Animali. Parte 1

uccello (m)	**bird**	[bɜːd]
colombo (m), piccione (m)	**pigeon**	['pɪdʒɪn]
passero (m)	**sparrow**	['spærəʊ]
cincia (f)	**tit**	[tɪt]
gazza (f)	**magpie**	['mægpaɪ]
aquila (f)	**eagle**	['iːgəl]
astore (m)	**hawk**	[hɔːk]
falco (m)	**falcon**	['fɔːlkən]
cigno (m)	**swan**	[swɒn]
gru (f)	**crane**	[kreɪn]
cicogna (f)	**stork**	[stɔːk]
pappagallo (m)	**parrot**	['pærət]
pavone (m)	**peacock**	['piːkɒk]
struzzo (m)	**ostrich**	['ɒstrɪtʃ]
airone (m)	**heron**	['herən]
usignolo (m)	**nightingale**	['naɪtɪŋgeɪl]
rondine (f)	**swallow**	['swɒləʊ]
picchio (m)	**woodpecker**	['wʊd,pekə(r)]
cuculo (m)	**cuckoo**	['kʊkuː]
civetta (f)	**owl**	[aʊl]
pinguino (m)	**penguin**	['peŋgwɪn]
tonno (m)	**tuna**	['tuːnə]
trota (f)	**trout**	[traʊt]
anguilla (f)	**eel**	[iːl]
squalo (m)	**shark**	[ʃɑːk]
granchio (m)	**crab**	[kræb]
medusa (f)	**jellyfish**	['dʒelɪfɪʃ]
polpo (m)	**octopus**	['ɒktəpəs]
stella (f) marina	**starfish**	['stɑːfɪʃ]
riccio (m) di mare	**sea urchin**	[siː 'ɜːtʃɪn]
cavalluccio (m) marino	**seahorse**	['siːhɔːs]
gamberetto (m)	**shrimp**	[ʃrɪmp]
serpente (m)	**snake**	[sneɪk]
vipera (f)	**viper**	['vaɪpə(r)]
lucertola (f)	**lizard**	['lɪzəd]
iguana (f)	**iguana**	[ɪ'gwɑːnə]
camaleonte (m)	**chameleon**	[kə'miːlɪən]
scorpione (m)	**scorpion**	['skɔːpɪən]

tartaruga (f)	turtle	['tɜ:təl]
rana (f)	frog	[frɒg]
coccodrillo (m)	crocodile	['krɒkədaɪl]
insetto (m)	insect, bug	['ɪnsekt], [bʌg]
farfalla (f)	butterfly	['bʌtəflaɪ]
formica (f)	ant	[ænt]
mosca (f)	fly	[flaɪ]

zanzara (f)	mosquito	[mə'ski:təʊ]
scarabeo (m)	beetle	['bi:təl]
ape (f)	bee	[bi:]
ragno (m)	spider	['spaɪdə(r)]
coccinella (f)	ladybug	['leɪdɪbʌg]

24. Alberi. Piante

albero (m)	tree	[tri:]
betulla (f)	birch	[bɜ:tʃ]
quercia (f)	oak	[əʊk]
tiglio (m)	linden tree	['lɪndən tri:]
pioppo (m) tremolo	aspen	['æspən]

acero (m)	maple	['meɪpəl]
abete (m)	spruce	[spru:s]
pino (m)	pine	[paɪn]
cedro (m)	cedar	['si:də(r)]

pioppo (m)	poplar	['pɒplə(r)]
sorbo (m)	rowan	['rəʊən]
faggio (m)	beech	[bi:tʃ]
olmo (m)	elm	[elm]

frassino (m)	ash	[æʃ]
castagno (m)	chestnut	['tʃesnʌt]
palma (f)	palm tree	[pɑ:m tri:]
cespuglio (m)	bush	[bʊʃ]

fungo (m)	mushroom	['mʌʃrʊm]
fungo (m) velenoso	poisonous mushroom	['pɔɪzənəs 'mʌʃrʊm]
porcino (m)	cep	[sep]
rossola (f)	russula	['rʌsjʊlə]
ovolaccio (m)	fly agaric	[flaɪ 'ægərɪk]
fungo (m) moscario	death cap	['deθ ˌkæp]

fiore (m)	flower	['flaʊə(r)]
mazzo (m) di fiori	bouquet	[bʊ'keɪ]
rosa (f)	rose	[rəʊz]
tulipano (m)	tulip	['tju:lɪp]
garofano (m)	carnation	[kɑ:'neɪʃən]
camomilla (f)	camomile	['kæməmaɪl]

cactus (m)	cactus	['kæktəs]
mughetto (m)	lily of the valley	['lɪlɪ əv ðə 'vælɪ]
bucaneve (m)	snowdrop	['snəʊdrɒp]
ninfea (f)	water lily	['wɔ:tə 'lɪlɪ]

serra (f)	conservatory	[kən'sɜ:vətrɪ]
prato (m) erboso	lawn	[lɔ:n]
aiuola (f)	flowerbed	['flaʊəbed]

pianta (f)	plant	[plɑ:nt]
erba (f)	grass	[grɑ:s]
foglia (f)	leaf	[li:f]
petalo (m)	petal	['petəl]
stelo (m)	stem	[stem]
germoglio (m)	young plant	[jʌŋ plɑ:nt]

cereali (m pl)	cereal crops	['sɪərɪəl krɒps]
frumento (m)	wheat	[wi:t]
segale (f)	rye	[raɪ]
avena (f)	oats	[əʊts]

miglio (m)	millet	['mɪlɪt]
orzo (m)	barley	['bɑ:lɪ]
mais (m)	corn	[kɔ:n]
riso (m)	rice	[raɪs]

25. Varie parole utili

aiuto (m)	help	[help]
base (f)	base	[beɪs]
bilancio (m) (equilibrio)	balance	['bæləns]
categoria (f)	category	['kætəgərɪ]
coincidenza (f)	coincidence	[kəʊ'ɪnsɪdəns]

confronto (m)	comparison	[kəm'pærɪsən]
differenza (f)	difference	['dɪfrəns]
effetto (m)	effect	[ɪ'fekt]
elemento (m)	element	['elɪmənt]
errore (m)	mistake	[mɪ'steɪk]

esempio (m)	example	[ɪg'zɑ:mpəl]
fatto (m)	fact	[fækt]
forma (f) (aspetto)	shape	[ʃeɪp]
genere (m) (tipo, sorta)	kind	[kaɪnd]
grado (m) (livello)	degree	[dɪ'gri:]

ideale (m)	ideal	[aɪ'dɪəl]
inizio (m)	beginning	[bɪ'gɪnɪŋ]
modo (m) (maniera)	way	[weɪ]
momento (m)	moment	['məʊmənt]

ostacolo (m)	obstacle	['ɒbstəkəl]
parte (f) (~ di qc)	part	[pɑːt]
pausa (f)	stop, pause	[stɒp], [pɔːz]
pausa (f) (sosta)	pause	[pɔːz]
posizione (f)	position	[pə'zɪʃən]
problema (m)	problem	['prɒbləm]
processo (m)	process	['prəʊses]
progresso (m)	progress	['prəʊgres]
proprietà (f) (qualità)	property, quality	['prɒpətɪ], ['kwɒlɪtɪ]
reazione (f)	reaction	[rɪ'ækʃən]
rischio (m)	risk	[rɪsk]
ritmo (m)	tempo, rate	['tempəʊ], [reɪt]
scelta (f)	choice	[tʃɔɪs]
segreto (m)	secret	['siːkrɪt]
serie (f)	series	['sɪəriːz]
sforzo (m) (fatica)	effort	['efət]
sistema (m)	system	['sɪstəm]
situazione (f)	situation	[ˌsɪtjʊ'eɪʃən]
soluzione (f)	solution	[sə'luːʃən]
standard (agg)	standard	['stændəd]
stile (m)	style	[staɪl]
sviluppo (m)	development	[dɪ'veləpmənt]
tabella (f) (delle calorie, ecc.)	table, chart	['teɪbəl], [tʃɑːt]
termine (m) (parola)	term	[tɜːm]
turno (m) (aspettare il proprio ~)	turn	[tɜːn]
urgente (agg)	urgent	['ɜːdʒənt]
utilità (f)	utility	[juː'tɪlətɪ]
variante (f)	variant	['veərɪənt]
verità (f)	truth	[truːθ]
zona (f)	zone	[zəʊn]

26. Modificatori. Aggettivi. Parte 1

abbronzato (agg)	tan	[tæn]
acido, agro (sapore)	sour	['saʊə(r)]
affilato (coltello ~)	sharp	[ʃɑːp]
alto (voce ~a)	loud	[laʊd]
amaro (sapore)	bitter	['bɪtə(r)]
antico (civiltà, ecc.)	ancient	['eɪnʃənt]
aperto (agg)	open	['əʊpən]
artificiale (agg)	artificial	[ˌɑːtɪ'fɪʃəl]
basso (~a voce)	low	[ləʊ]

| bello (agg) | beautiful | ['bju:tɪfʊl] |
| buono, gustoso | tasty | ['teɪstɪ] |

cattivo (agg)	bad	[bæd]
centrale (agg)	central	['sentrəl]
cieco (agg)	blind	[blaɪnd]
clandestino (agg)	clandestine	[klæn'destɪn]
compatibile (agg)	compatible	[kəm'pætəbəl]
contento (agg)	contented	[kən'tentɪd]
continuo (agg)	prolonged	[prə'lɒŋd]
corto (non lungo)	short	[ʃɔ:t]
crudo (non cotto)	raw	[rɔ:]
denso (fumo ~)	dense	[dens]
destro (lato ~)	right	[raɪt]

di seconda mano	second hand	['sekənd ˌhænd]
difficile (decisione)	difficult	['dɪfɪkəlt]
dolce (acqua ~)	fresh	[freʃ]
dolce (gusto)	sweet	[swi:t]
dritto (linea, strada ~a)	straight	[streɪt]
duro (non morbido)	hard	[hɑ:d]
eccellente (agg)	excellent	['eksələnt]
eccessivo (esagerato)	excessive	[ɪk'sesɪv]
enorme (agg)	huge	[hju:dʒ]
esterno (agg)	exterior	[ɪk'stɪərɪə(r)]
facile (agg)	easy	['i:zɪ]

felice (agg)	happy	['hæpɪ]
fertile (terreno)	fertile	['fɜ:taɪl]
forte (una persona ~)	strong	[strɒŋ]
fragile (porcellana, vetro)	fragile	['frædʒəl]
gentile (agg)	polite	[pə'laɪt]
grande (agg)	big	[bɪg]

gratuito (agg)	free	[fri:]
immobile (agg)	immobile	[ɪ'məʊbaɪl]
importante (agg)	important	[ɪm'pɔ:tənt]
intelligente (agg)	clever	['klevə(r)]
interno (agg)	interior	[ɪn'tɪərɪə(r)]

legale (agg)	legal	['li:gəl]
leggero (che pesa poco)	light	[laɪt]
liquido (agg)	liquid	['lɪkwɪd]
liscio (superficie ~a)	smooth	[smu:ð]
lungo (~a strada, ecc.)	long	[lɒŋ]

27. Modificatori. Aggettivi. Parte 2

| malato (agg) | ill, sick | [ɪl], [sɪk] |
| maturo (un frutto ~) | ripe | [raɪp] |

misterioso (agg)	mysterious	[mɪˈstɪərɪəs]
morbido (~ al tatto)	soft	[sɒft]
morto (agg)	dead	[ded]

nativo (paese ~)	native	[ˈneɪtɪv]
negativo (agg)	negative	[ˈnegətɪv]
non difficile	not difficult	[nɒt ˈdɪfɪkəlt]
normale (agg)	normal	[ˈnɔːməl]
nuovo (agg)	new	[njuː]

obbligatorio (agg)	obligatory	[əˈblɪgətrɪ]
opaco (colore)	matt, matte	[mæt]
opposto (agg)	opposite	[ˈɒpəzɪt]
ordinario (comune)	ordinary	[ˈɔːdənrɪ]
originale (agg)	original	[ɒˈrɪdʒɪnəl]

per bambini	children's	[ˈtʃɪldrənz]
perfetto (agg)	superb	[suːˈpɜːb]
pericoloso (agg)	dangerous	[ˈdeɪndʒərəs]
personale (agg)	personal	[ˈpɜːsənəl]
piccolo (agg)	small	[smɔːl]

pieno (bicchiere, ecc.)	full	[fʊl]
poco chiaro (agg)	unclear	[ˌʌnˈklɪə(r)]
poco profondo (agg)	shallow	[ˈʃæləʊ]
possibile (agg)	possible	[ˈpɒsəbəl]
povero (agg)	poor	[pʊə(r)]

preciso, esatto	exact	[ɪgˈzækt]
principale (più importante)	main, principal	[meɪn], [ˈprɪnsɪpəl]
principale (primario)	principal	[ˈprɪnsɪpəl]
probabile (agg)	probable	[ˈprɒbəbəl]
pubblico (agg)	public	[ˈpʌblɪk]

pulito (agg)	clean	[kliːn]
raro (non comune)	rare	[reə(r)]
rischioso (agg)	risky	[ˈrɪskɪ]
scorso (il mese ~)	last	[lɑːst]
simile (agg)	similar	[ˈsɪmɪlə(r)]

sinistro (agg)	left	[left]
solido (parete ~a)	solid	[ˈsɒlɪd]
spazioso (stanza ~a)	spacious	[ˈspeɪʃəs]
speciale (agg)	special	[ˈspeʃəl]
sporco (agg)	dirty	[ˈdɜːtɪ]

stretto (un vicolo ~)	narrow	[ˈnærəʊ]
stupido (agg)	stupid	[ˈstjuːpɪd]
successivo, prossimo	next	[nekst]
supplementare (agg)	additional	[əˈdɪʃənəl]
surgelato (cibo ~)	frozen	[ˈfrəʊzən]
triste (infelice)	sad	[sæd]

ultimo (agg)	last, final	[lɑːst], [ˈfaɪnəl]
vecchio (una casa ~a)	old	[əʊld]
veloce, rapido	fast, quick	[fɑːst], [kwɪk]
vuoto (un bicchiere ~)	empty	[ˈemptɪ]

28. Verbi. Parte 1

accendere (luce)	to turn on (vt)	[tə tɜːn ɒn]
accusare (vt)	to accuse (vt)	[tə əˈkjuːz]
afferrare (vt)	to catch (vt)	[tə kætʃ]
affittare (dare in affitto)	to rent (vt)	[tə rent]
aiutare (vt)	to help (vt)	[tə help]
amare (qn)	to love (vt)	[tə lʌv]

andare (camminare)	to go (vi)	[tə gəʊ]
annullare (vt)	to cancel (vt)	[tə ˈkænsəl]
annunciare (vt)	to announce (vt)	[tə əˈnaʊns]
appartenere (vi)	to belong to ...	[tə bɪˈlɒŋ tuː]
aprire (vt)	to open (vt)	[tə ˈəʊpən]
arrivare (vi)	to arrive (vi)	[tə əˈraɪv]

asciugare (~ i capelli)	to dry (vt)	[tə draɪ]
aspettare (vt)	to wait (vt)	[tə weɪt]
avere (vt)	to have (vt)	[tə hæv]
avere fretta	to be in a hurry	[tə bi ɪn ə ˈhʌrɪ]

avere fretta	to hurry (vi)	[tə ˈhʌrɪ]
avere paura	to be afraid	[tə bi əˈfreɪd]
ballare (vi, vt)	to dance (vi, vt)	[tə dɑːns]
bere (vi, vt)	to drink (vi, vt)	[tə drɪŋk]
cacciare (vt)	to hunt (vi, vt)	[tə hʌnt]

cadere (vi)	to fall (vi)	[tə fɔːl]
cambiare (vt)	to change (vt)	[tə tʃeɪndʒ]
cantare (vi)	to sing (vi)	[tə sɪŋ]
capire (vt)	to understand (vt)	[tə ˌʌndəˈstænd]
cenare (vi)	to have dinner	[tə hæv ˈdɪnə(r)]
cessare (vt)	to stop (vt)	[tə stɒp]

chiedere (domandare)	to ask (vt)	[tə ɑːsk]
chiudere (vt)	to close (vt)	[tə kləʊz]
cominciare (vt)	to begin (vt)	[tə bɪˈgɪn]
comparare (vt)	to compare (vt)	[tə kəmˈpeə(r)]
comprare (vt)	to buy (vt)	[tə baɪ]
confermare (vt)	to confirm (vt)	[tə kənˈfɜːm]

congratularsi (con qn per qc)	to congratulate (vt)	[tə kənˈgrætʃʊleɪt]
conoscere (qn)	to know (vt)	[tə nəʊ]
conservare (vt)	to keep (vt)	[tə kiːp]

contare (calcolare)	**to count** (vt)	[tə kaʊnt]
contare su …	**to count on …**	[tə kaʊnt ɒn]
copiare (vt)	**to copy** (vt)	[tə 'kɒpɪ]
correre (vi)	**to run** (vi)	[tə rʌn]
costare (vt)	**to cost** (vt)	[tə kɒst]
costruire (vt)	**to build** (vt)	[tə bɪld]
creare (vt)	**to create** (vt)	[tə kriː'eɪt]
credere (vi)	**to believe** (vi)	[tə bɪ'liːv]
cucinare (vi)	**to cook** (vt)	[tə kʊk]

29. Verbi. Parte 2

dare (vt)	**to give** (vt)	[tə gɪv]
decidere (~ di fare qc)	**to decide** (vt)	[tə dɪ'saɪd]
dimenticare (vt)	**to forget** (vi, vt)	[tə fə'get]
dipendere da …	**to depend on …**	[tə dɪ'pend ɒn]
dire (~ la verità)	**to say** (vt)	[tə seɪ]
discutere (vt)	**to discuss** (vt)	[tə dɪs'kʌs]
disprezzare (vt)	**to despise** (vt)	[tə dɪ'spaɪz]
disturbare (vt)	**to disturb** (vt)	[tə dɪ'stɜːb]
divorziare (vi)	**to divorce** (vi)	[tə dɪ'vɔːs]
dubitare (vi)	**to doubt** (vi)	[tə daʊt]
eliminare (vt)	**to delete** (vt)	[tə dɪ'liːt]
esigere (vt)	**to demand** (vt)	[tə dɪ'mɑːnd]
esistere (vi)	**to exist** (vi)	[tə ɪg'zɪst]
essere assente	**to be absent**	[tə bi 'æbsənt]
essere d'accordo	**to agree** (vi)	[tə ə'griː]
fare (vt)	**to do** (vt)	[tə duː]
fare colazione	**to have breakfast**	[tə hæv 'brekfəst]
fare le pulizie	**to clean up**	[tə kliːn ʌp]
fidarsi (vr)	**to trust** (vt)	[tə trʌst]
finire (vt)	**to finish** (vt)	[tə 'fɪnɪʃ]
firmare (~ un documento)	**to sign** (vt)	[tə saɪn]
giocare (vi)	**to play** (vi)	[tə pleɪ]
girare (~ a destra)	**to turn** (vi)	[tə tɜːn]
gridare (vi)	**to shout** (vi)	[tə ʃaʊt]
guardare (vt)	**to look at …**	[tə lʊk æt]
incontrarsi (vr)	**to meet** (vi, vt)	[tə miːt]
ingannare (vt)	**to deceive** (vi, vt)	[tə dɪ'siːv]
insistere (vi)	**to insist** (vi, vt)	[tə ɪn'sɪst]
insultare (vt)	**to insult** (vt)	[tə ɪn'sʌlt]
invitare (vt)	**to invite** (vt)	[tə ɪn'vaɪt]
lamentarsi (vr)	**to complain** (vi, vt)	[tə kəm'pleɪn]
lasciar cadere	**to drop** (vt)	[tə drɒp]

lavorare (vi)	to work (vi)	[tə wɜːk]
leggere (vi, vt)	to read (vi, vt)	[tə riːd]
mancare le lezioni	to miss (vt)	[tə mɪs]
mandare (vt)	to send (vt)	[tə send]
mangiare (vi, vt)	to eat (vi, vt)	[tə iːt]
morire (vi)	to die (vi)	[tə daɪ]
mostrare (vt)	to show (vt)	[tə ʃəʊ]
nascere (vi)	to be born	[tə bi bɔːn]
nascondere (vt)	to hide (vt)	[tə haɪd]
negare (vt)	to deny (vt)	[tə dɪ'naɪ]
nuotare (vi)	to swim (vi)	[tə swɪm]
obbedire (vi)	to obey (vi, vt)	[tə ə'beɪ]
odiare (vt)	to hate (vt)	[tə heɪt]

30. Verbi. Parte 3

pagare (vi, vt)	to pay (vi, vt)	[tə peɪ]
parlare (vi, vt)	to speak (vi, vt)	[tə spiːk]
parlare con ...	to talk to ...	[tə tɔːk tuː]
partecipare (vi)	to participate (vi)	[tə pɑː'tɪsɪpeɪt]
pensare (vi, vt)	to think (vi, vt)	[tə θɪŋk]
perdere (ombrello, ecc.)	to lose (vt)	[tə luːz]
perdonare (vt)	to forgive (vt)	[tə fə'gɪv]
permettere (vt)	to permit (vt)	[tə pə'mɪt]
piacere (vi)	to like (vt)	[tə laɪk]
piangere (vi)	to cry (vi)	[tə kraɪ]
picchiare (vt)	to beat (vt)	[tə biːt]
picchiarsi (vr)	to fight (vi)	[tə faɪt]
porre fine a ...	to end (vt)	[tə end]
(~ una relazione)		
potere (v aus)	can (v aux)	[kæn]
potere (vi)	can (v aux)	[kæn]
pranzare (vi)	to have lunch	[tə hæv lʌntʃ]
pregare (vi, vt)	to pray (vi, vt)	[tə preɪ]
prendere (vt)	to take (vt)	[tə teɪk]
prevedere (vt)	to expect (vt)	[tə ɪk'spekt]
promettere (vt)	to promise (vt)	[tə 'promɪs]
proporre (vt)	to propose (vt)	[tə prə'pəʊz]
provare (vt)	to prove (vt)	[tə pruːv]
raccontare (~ una storia)	to tell (vt)	[tə tel]
ricevere (vt)	to receive (vt)	[tə rɪ'siːv]
ringraziare (vt)	to thank (vt)	[tə θæŋk]
ripetere (ridire)	to repeat (vt)	[tə rɪ'piːt]
riservare (vt)	to reserve, to book	[tə rɪ'zɜːv], [tə bʊk]
rispondere (vi, vt)	to answer (vi, vt)	[tə 'ɑːnsə(r)]

rompere (spaccare)	**to break** (vt)	[tə breɪk]
rubare (~ i soldi)	**to steal** (vt)	[tə stiːl]
salvare (~ la vita a qn)	**to save, to rescue**	[tə seɪv], [tə 'reskjuː]
sapere (vt)	**to know** (vt)	[tə nəʊ]
sbagliare (vi)	**to make a mistake**	[tə meɪk ə mɪ'steɪk]
scavare (vt)	**to dig** (vt)	[tə dɪg]
scegliere (vt)	**to choose** (vt)	[tə tʃuːz]
scherzare (vi)	**to joke** (vi)	[tə dʒəʊk]
scomparire (vi)	**to disappear** (vi)	[tə ˌdɪsə'pɪə(r)]
scrivere (vt)	**to write** (vt)	[tə raɪt]
scusare (vt)	**to excuse** (vt)	[tə ɪk'skjuːz]
sedersi (vr)	**to sit down** (vi)	[tə sɪt daʊn]
sorridere (vi)	**to smile** (vi)	[tə smaɪl]
sparare (vi)	**to shoot** (vi)	[tə ʃuːt]
spegnere (vt)	**to turn off** (vt)	[tə tɜːn ɒf]
sperare (vi, vt)	**to hope** (vi, vt)	[tə həʊp]
spiegare (vt)	**to explain** (vt)	[tə ɪk'spleɪn]
stancarsi (vr)	**to get tired**	[tə get 'taɪəd]
studiare (vt)	**to study** (vt)	[tə 'stʌdɪ]
tentare (vt)	**to try** (vt)	[tə traɪ]
tradurre (vt)	**to translate** (vt)	[tə træns'leɪt]
trovare (vt)	**to find** (vt)	[tə faɪnd]
tuffarsi (vr)	**to dive** (vi)	[tə daɪv]
uccidere (vt)	**to kill** (vt)	[tə kɪl]
udire (percepire suoni)	**to hear** (vt)	[tə hɪə(r)]
vedere (vt)	**to see** (vt)	[tə siː]
vendere (vt)	**to sell** (vt)	[tə sel]
verificare (ispezionare)	**to check** (vt)	[tə tʃek]
vietare (vt)	**to forbid** (vt)	[tə fə'bɪd]
volare (vi)	**to fly** (vi)	[tə flaɪ]
volere (desiderare)	**to want** (vt)	[tə wɒnt]

www.ingramcontent.com/pod-product-compliance
Lightning Source LLC
Chambersburg PA
CBHW060029050426
42448CB00012B/2915

* 9 7 8 1 7 8 4 9 2 6 8 6 1 *